Edward de Bono

Edward de Bono's
Denkschule

Edward de Bono

Edward de Bono's Denkschule

Zu mehr Innovation und Kreativität

CIP-Titelaufnahme der Deutschen Bibliothek

De Bono, Edward:
[Denkschule]
Edward De Bono's Denkschule : zu mehr Innovation und
Kreativität / [aus d. Engl. übertr. von Ingrid von Ulm-Erbach].
– München : mvg-Verl., 1990
   (mvg-Paperbacks ; 1105 : Business Training)
   Einheitssacht.: Thinking course ‹dt.›
   ISBN 3-478-81105-8
NE: GT

English Version © Petancor BV, 1982.
By arrangement with the British Broadcasting Corporation,
35 Marylebone High Street, London W1M 4AA.

Titel des Originals: »de Bono's Thinking Course«

Aus dem Englischen übertragen von Ingrid von Ulm-Erbach.

© Alle deutschen Rechte bei mvg – moderne Verlagsgesellschaft mbH,
München

Umschlaggestaltung: Gruber & König, Augsburg
Druck- und Bindearbeiten: Presse-Druck, Augsburg
Printed in Germany 081 105/290602
ISBN 3-478-81105-8

Inhalt

Vorwort zu dieser Auflage

Bis zu einem bestimmten Punkt können uns Informationen das
eigene Denken durchaus abnehmen. Über diesen Punkt hinaus
ermöglicht uns ein breiteres Informationsangebot ein besseres
Denken, richtigere Entscheidungen und mehr Wahlmöglichkeiten. Mit der reinen Information ist es selten getan; gefragt ist das
eigene Weiterdenken.

Solange an Informationen nur schwer heranzukommen war,
setzten wir alles daran, uns ständig weitere Informationsquellen
zu erschließen. Heute haben wir die technologischen Vorausset-
zungen, um uns Zugang zu so viel Information zu verschaffen,
wie wir aufnehmen können. Dies erspart uns aber noch lange
nicht das eigene Denken. Deshalb beginnen Menschen, Unternehmen und Regierungen in allen Teilen unserer Welt, der Entwicklung der Denkfähigkeit vermehrt Aufmerksamkeit zu schenken.

Denken ist keinesfalls nur eine Sache hoher Intelligenz. Viele
hochintelligente Menschen sind sogar nur mittelmäßige Denker –,
weil sie ihre gesamte Zeit darauf verwenden zu beweisen, wie
recht sie haben, statt der Angelegenheit vorbehaltlos auf den
Grund zu gehen.

Wie entsteht Denkfähigkeit? – Wie jede andere Fähigkeit auch, wir müssen sie erlernen.

Das von mir entwickelte CoRT*-Denkprogramm wird weltweit bereits in Tausenden von Schulen angewandt. Vor allem in den USA und Kanada wird es in besonders hohem Maße eingesetzt. Einige Länder (Venezuela, Singapur, Bulgarien) haben die Schulung des Denkvermögens (mit Hilfe von CoRT) an allen Schulen als Pflichtfach eingeführt. In anderen Ländern (China, Malaysia) wird das Programm an Elite-Schulen praktiziert. 1989 wurde ich von der Akademie der Wissenschaften in die UdSSR eingeladen, um an den führenden Schulen des Landes Lehrer in der Unterrichtung des Denkens als Schulfach auszubilden.

1989 wurde ich auch gebeten, in Paris eine spezielle OECD-Versammlung über dieses Thema zu leiten. In diesem Bereich hinken die Industrienationen den sogenannten Entwicklungsländern leider noch hinterher. Dies liegt zum einen daran, daß Veränderungen im Bildungswesen in den hochentwickelten Ländern viel schwieriger in Gang zu bringen sind und daß zum anderen auch wesentlich mehr Selbstgefälligkeit herrscht.

Worauf es beim Denken ankommt, ist nicht schwer zu erlernen. Wenn die in diesem Buch beschriebenen Hilfsmittel angewandt werden, wird sich die Denkfähigkeit deutlich verbessern. Die Idee der Olympiade hat nur deshalb überleben können, weil der Organisator der Olympischen Spiele von 1984 meine Kreativtechniken anwandte, um so diesen sportlichen Wettkämpfen zu einem finanziellen Erfolg zu verhelfen. Zu diesem Zeitpunkt wollte keine Stadt auf der Welt diese Spiele haben, und ihr Ende war so gut wie besiegelt.

Beim Denken geht es nicht nur darum, Diskussionen zu gewinnen oder zu beweisen, daß man recht hat. Dies ist nur ein kleines Spektrum der Möglichkeiten, wie man das Denken einsetzen kann. Kritisches Denken ist nur ein Teil der gesamten Denk-

---

*Engl. »Cognitive Research Trust«; Stiftung zur Förderung der Wahrnehmungsforschung kunst. Denken muß produktiv, kreativ, konstruktiv sein. Denken sollte Spaß machen. Denken ist eine Fähigkeit, die sich jeder aneignen kann.

Sich täglich stundenlang vor den Fernseher zu setzen oder von Popmusik berieseln zu lassen, ist ein äußerst passiver Zeitvertreib. Jugendliche wachsen heute in der Unfähigkeit auf, selbständig zu denken. Daraus folgt, daß sie unreflektiert nachahmen, was ihnen ihre Idole vormachen (Drogen, Gewalt usw.). Eigenständiges Denken ist eine wesentliche Voraussetzung, wenn Demokratie funktionieren soll. Eigenständiges Denken ist auch eine wesentliche Voraussetzung, wenn Sie Ihre Zukunft selbst gestalten wollen.

Zahlreiche Unternehmen wenden heute überall auf der Welt meine Denkmethoden an. Das renommierteste Unternehmen der Welt (NTT in Japan) wendet Teile meiner Methodik in allen Sparten seiner Organisation an.

Hauptzweck des Denkens ist es, unseren Werten und Bedürfnissen zu dienen. Je ausgeprägter unsere Denkfähigkeit, um so besser können wir unseren Werten und Bedürfnissen sowohl als Individuen als auch in der Gemeinschaft gerecht werden.

Menschen, die sagen: »Ich denke darüber nach« sind mir lieber als jene, die sagen: »Ich habe recht« oder »Ich bin intelligent.«

Edward de Bono

1. Denken kann man lernen

Es scheint zwei Möglichkeiten zu geben.

Denken ist wie Gehen oder Atmen. Wir müssen gar nichts dafür tun, ja wir können gar nichts dafür tun. Sollten wir uns einmischen, wird unser Denken unbeholfen, gekünstelt und gehemmt erscheinen. Wer intelligent ist, ist ein guter Denker. Wem es an Intelligenz mangelt, ist übervorteilt und sollte besser auf jemanden hören, der Intelligenz besitzt.

Oder: Denken ist eine Fertigkeit wie Autofahren, Jonglieren, Kochen, Schifahren, mit Pfeil und Bogen schießen oder Stricken. Einige Menschen sind darin eben besser als andere. Aber jeder kann eine gewisse Geschicklichkeit erreichen, wenn er danach strebt. Zuerst treten das Verlangen oder der Wille danach auf, dann folgen Aufmerksamkeit, Übung und Freude daran. Manchmal scheint mehr Übung als Freude damit verbunden zu sein. Beherrscht man die Fertigkeit erst einmal und versteht es, sie behende und nutzbringend einzusetzen, wird sie zum schieren Vergnügen.

Je mehr Übung, desto größer die Geschicklichkeit. Vielleicht ist Denken als Fertigkeit eher mit Fahrradfahren oder Schwimmen vergleichbar. Anfangs ist man tolpatschig, und die Bewegung erscheint sowohl unnütz wie auch unnatürlich. Später mag man es fast nicht glauben, daß es jemals ein Stadium der Unbeholfenheit gab.

Dies scheinen die beiden Möglichkeiten zu sein. Sollten Sie der ersten den Vorzug geben, so beschränken Sie sich auf Ihr derzeitiges Denkniveau und glauben, daß Sie nichts zu dessen Verbesserung beitragen können. Oder aber Sie sind mit dem gegenwärtigen Stand der Dinge so zufrieden, daß Sie sich jegliche Verbesserung gar nicht vorstellen können. Beide Einstellungen scheinen Hinweise auf die angewandte Denkart zu geben. Ob Sie nun daran glauben oder nicht, daß die Denkfertigkeit durch Aufmerksamkeit und Übung verbessert werden kann, es scheint auf jeden Fall der

Mühe wert, diese Möglichkeit zu erforschen, da Sie nur so herausfinden können, ob es sich hier lediglich um eine Möglichkeit oder eine tatsächliche Chance handelt. Erproben ist die beste Art dahinterzukommen. Hoffnung mag hier angebrachter sein als bloßer Glaube.

Intelligenz und Vererbung

Eines Tages werden wir in der Lage sein, mittels eines Labortests Intelligenz zu messen, indem wir das Verhalten gewisser Enzyme beobachten. Inwieweit Intelligenz mit Genen oder frühkindlicher Umwelt zu tun hat, ist eine viel diskutierte Angelegenheit. Es ist zum Beispiel möglich, daß im Kindesalter ausreichende Ernährung und die Anregung von außen unbedingt erforderlich sind, um das volle genetische Potential der Intelligenz zu erwecken. Es ist auch denkbar, daß Wörter, Begriffe und Verstandesgewohnheiten, die in der frühen Kindheit mitgegeben wurden, die Inbetriebnahme der Intelligenz erleichtern. Es kann sogar sein, daß die biochemische Grundlage der Intelligenz durch eine anspruchsvolle Umwelt beeinflußt und geformt wird. Offensichtlich sind diese Überlegungen von Bedeutung, da sie uns dazu anhalten, im frühen Kindesalter ein bestmögliches Umfeld zu schaffen. Wir können unsere Gene nicht wirklich verändern. (Technisch gesehen mögen wir dazu in der Lage sein, die Erscheinungsform der Gene zu ändern; so lag es beispielsweise am Aluminium, das für die Herstellung von Kochtöpfen verwendet wurde, daß die Menschen der jüngeren Generationen ihre Vorfahren überragen.) Zum frühkindlichen Umfeld können wir einiges beitragen. Wir können jedoch sehr viel mehr tun für die Einsatzmöglichkeiten der Intelligenz als Denkfertigkeit.

Intelligenz, Bildung und Erziehung

Die Ansicht, intelligente Menschen seien gute Denker, erschien mir schon immer als ein sehr gefährlicher und hemmender Trugschluß, was die Erziehung und Bildung betrifft. Zugrunde liegt die Meinung, Denken sei lediglich in Betrieb genommene Intelligenz, so wie Verkehr fahrende Autos ist. Dieser irrige Glaube ist aus folgenden Gründen gefährlich:

1. Falls Sie einen hohen Intelligenzgrad aufweisen, brauchen Sie nichts zur Förderung Ihres Denkens tun.
2. Wenn Sie eine eher mittelmäßige Intelligenz besitzen, so kann man nichts für Ihr Denken tun.

Dies führt dazu, daß nichts direkt zur Förderung der Denkfertigkeit getan wird. Jetzt endlich tritt ein langsamer Wandel ein, aber darauf werde ich später zurückkommen.

Alles hängt von unserer Einstellung zum Denken und zur Intelligenz ab. Meine eigene Begriffsbestimmung des Denkens lautet folgendermaßen: »Denken ist die Funktionsfähigkeit, die Intelligenz aufgrund einer Erfahrung (für einen bestimmten Zweck) demonstriert.« Ich setzte »für einen bestimmten Zweck« bewußt in Klammern, da nicht alles Denken auf einen triftigen Grund ausgerichtet ist. Diese Definition richtet das Augenmerk auf drei Bestandteile: Funktionsfähigkeit, Intelligenz und Erfahrung.

Am geeignetsten erscheint mir hierzu der Vergleich zwischen einem Auto und seinem Fahrer. Der Wagen kann einen sehr starken Motor, eine geschmeidige Gangschaltung und eine wunderbare Übersetzung aufweisen. Aber die Geschicklichkeit des Fahrers hat damit gar nichts zu tun. In der Tat kann gerade die PS-Zahl des Autos spezielle Anforderungen an die Fahrgeschicklichkeit stellen. Ein starker Motor garantiert in keiner Weise die Fähigkeit des Wagenlenkers. In diesem Vergleich entspricht die Technik des Autos der angeborenen Intelligenz und die Geschicklichkeit des Fahrers der Funktionsfähigkeit, die wir Denken nennen. Häufig kommt auch vor, daß ein besserer Fahrer einen weniger anspruchsvollen Wagen fährt. Fahrgeschicklichkeit kann auch erlernt, geübt und verbessert werden.

Ich interessiere mich nicht besonders für das Messen von Intelligenz oder gar von Denkfähigkeit. Ich ziehe die »Rollschuhläufer« vor. Stellt man mehrere Menschen in einer Reihe auf und bittet sie dann loszurennen, wird man letztendlich ihre natürliche Lauffähigkeit vergleichen. Konstruiert man für alle passende Rollschuhe, werden alle ihre Geschwindigkeit steigern. Auch Training unter Anleitung wird zur Verbesserung ihrer Leistung beitragen. Deshalb liegt mir mehr daran, Denkhilfen und Übungsmethoden zu entwerfen als die natürliche Denkfähigkeit zu messen. Dies sollte Sie auch gar nicht überraschen. Schließlich besteht die gesamte Mathematik aus Feststellungen, Begriffen und Techniken. Wir würden nicht sehr weit gelangen, würden wir uns nur auf die »natürliche« mathematische Begabung verlassen.

Die Intelligenzfalle

In der Tat scheint es um gewisse Dinge schlimmer bestellt zu sein, als ich oben erwähnte. Hoch intelligente Menschen können sich als ziemlich schlechte Denker erweisen. Sie mögen ebensoviel Training ihrer Denkfertigkeit benötigen wie andere Menschen, manchmal sogar mehr. Dies ist die fast vollständige Umkehrung der Ansicht, sehr intelligente Menschen seien automatisch gute Denker. Wir (vom Cognitive Research Trust, einer Stiftung zur Förderung der kognitiven Forschung) nannten dies daher die »Intelligenzfalle«. Sie setzt sich aus vielen Komponenten zusammen, und ich werde einige ihrer Bestandteile nachstehend aufführen. Einige Elemente sind soziologischer Natur, andere praktisch wirksam, wieder andere sind physischer Art.

1. Ein hoch intelligenter Mensch kann für praktisch jede Ansicht einen rationalen und wohl argumentierten Fall konstruieren. Je logischer sich ihm ein spezieller Standpunkt darstellt, desto weniger fühlt sich der Nachdenkende veranlaßt, der Sache auf den Grund

zu gehen. Er kann so zum Gefangenen einer gewissen Situation werden nur aufgrund der Tatsache, daß er sie vertritt und unterstützt.

2. In der Schule wie auch im späteren Leben hält man häufig verbale Gewandtheit fälschlich für Denken. Ein intelligenter Mensch verfällt diesem Glauben und ist so versucht, das eine durch das andere zu ersetzen, das heißt das Denken mehr seiner verbalen Gewandtheit zu überlassen.

3. Das Ego, das Bild seiner selbst sowie der Sonderstatus eines hoch intelligenten Menschen basieren allzu häufig auf der Intelligenz. Daraus entsteht das Bedürfnis, stets recht zu haben und klug und anerkannt zu sein.

4. Die kritische Anwendung von Intelligenz führt stets zu größerer unmittelbarer Zufriedenheit als ihr konstruktiver Einsatz. Jemandem nachzuweisen, er liege falsch, verschafft ein sofortiges Erfolgserlebnis und gewährt das Gefühl von Überlegenheit. Zustimmung hingegen verleiht den Eindruck von Überflüssigkeit und Schmeichelei. Legt man eine Idee dar, liefert man sich der Gnade oder Ungnade dessen aus, von dem man zur Bewertung dieses Gedankens abhängig ist. Auf diese Weise sind allzu viele brillante Köpfe in dieser negativen Haltung erstarrt (da sie so verlockend ist).

5. Hoch intelligente Menschen scheinen häufig die Gewißheit des Reaktionsdenkens (das Lösen von Rätseln oder das Aussortieren von Daten und Angaben) vorzuziehen, wobei ihnen eine Menge Material vorgelegt wird, und sie dann gebeten werden, darauf zu »reagieren«. Wir nennen dies den »Everest-Effekt«, da das bloße Vorhandensein eines schwer begehbaren Berges für sehr gute Bergsteiger Anlaß genug ist, sich davon angesprochen zu fühlen und zu reagieren. Bei projekt-orientiertem Denken muß der Denker den Zusammenhang, die Begriffe und die Ziele schaffen. Das Denken muß expansiv und spekulativ sein. Aufgrund der natürlichen Neigung oder möglicherweise aufgrund eines frühen Trainings scheint ein Verstand mit hohem Intelligenzgrad die reagierende Denkart vorzuziehen. Das wirkliche Leben erfordert jedoch normalerweise eher die projekt-orientierte Denkart.

6. Die bloße physische Schnelligkeit eines hoch intelligenten Verstandes bewirkt, daß er Schlüsse aus nur wenigen Signalmerkmalen zieht. Ein langsamer Verstand benötigt mehr Zeit und mehr Signale; möglicherweise kommt er dann zu einer Schlußfolgerung, die dem Problem angemessener ist.

7. Ein hoch intelligenter Verstand scheint mehr Wert auf Schlauheit als auf Weisheit zu legen, oder er wird dazu ermutigt. Dies mag möglicherweise damit begründet sein, daß Schlauheit sich leichter demonstrieren läßt. Außerdem hängt sie weniger von Erfahrung ab (aus diesem Grund leisten Ärzte und Mathematiker ihre »genialen« Beiträge meist in jüngeren Jahren).

Es gibt noch andere Aspekte hinsichtlich der Intelligenzfalle. Nicht alle hoch intelligenten Menschen verfangen sich in ihr. Sie vermeiden sie aus purem Zufall oder aufgrund ihrer Lebensumstände oder durch bewußtes Bemühen. Die Gefahr bleibt jedoch weiterhin bestehen. Und diese Gefahr warnt uns, nicht von der automatischen Annahme auszugehen, daß hohe Intelligenz effektives Denken bedeute.

Die University School von Toronto in Kanada ist für hoch begabte Menschen konzipiert. Aufgrund des Wissens um die Intelligenzfalle begannen der Rektor sowie einige der Dozenten (insbesondere Norah Maier) vor einigen Jahren, sogenannte CoRT-Lektionen anzuwenden. (CoRT bezeichnet die Stiftung zur Förderung der kognitiven Forschung »Cognitive Research Trust«.) Meiner Meinung nach stellt das Versäumnis, Denken als Geschicklichkeit zu betrachten und entsprechend zu behandeln, um so eine Verbesserung zu erzielen, eine schwerwiegende Verschwendung brillanter Verstandeskräfte dar.

Denken lernen und lehren

Einige der Lektionen in diesem Buch stammen aus den CoRT-Denkprogrammen. Diese Abkürzung steht für *Co*gnitive *R*esearch *T*rust (Stiftung zur Förderung der kognitiven Forschung), wobei das »o« der besseren Aussprache wegen eingefügt wurde.

Die CoRT-Denklektionen stellen heute ein weltweit verbreitetes Programm zum direkten Lehren der Denkfertigkeit als Unterrichtsstoff von Schullehrplänen dar. Sie werden in vielen Tausenden von Schulen in Großbritannien, Irland, Kanada, Australien, Neuseeland, den USA, Malta und Israel (hier zum Training der Lehrer) eingesetzt. 1979 ernannte die neu gewählte Regierung Venezuelas Dr. Luis Alberto Machado zum »Minister für die Entwicklung und Förderung der Intelligenz«. Dr. Machado hatte eines meiner Bücher, »The Mechanism of Mind«, gelesen, das wenige Jahre vorher in Caracas veröffentlicht worden war. Er besuchte mich in England und entdeckte dabei, daß das CoRT-Programm bereits seit mehreren Jahren angewandt wurde. Es wurde daraufhin in die spanische Sprache übersetzt und den örtlichen Bedingungen angeglichen. Nach einer Pilotstudie mit 50 Lehrern, die anfangs von mir ausgebildet und danach von William Copley, der sich dazu für ein Jahr in Venezuela aufhielt, angeleitet wurden, entschied der Minister für Bildung und Erziehung, das Programm in allen Schulen einzusetzen. Unter der Leitung von Dr. Margaretta Sanchez wurden mittlerweile 100 000 Lehrer ausgebildet, und für die Zukunft beabsichtigt man, allen Kindern im Alter von etwa zehn bis elf Jahren einen Unterricht von zwanzig bis sechzig CoRT-Lektionen zu ermöglichen. Es gibt auch Programme an technologischen Instituten, im öffentlichen Dienst sowie in der Armee. Dies ist ein kühnes und mutiges Projekt, dessen Beispiel aller Wahrscheinlichkeit nach andere Länder folgen werden, die erkennen, daß letztendlich »Denken« die wertvollste menschliche Energiequelle sei.

Wir blicken auf dreizehn Jahre Erfahrung mit den Methoden der Stiftung zur Förderung der kognitiven Forschung, CoRT, zurück. Zehnjährige mitten im Dschungel Venezuelas wenden genau die gleichen Lektionen an wie hoch begabte Studenten in Kanada oder Geschäftsleute. Sir Terence Beckett setzte das Konzept, als er Vorsitzender der britischen Ford-Gesellschaft war, ein. Die Unterrichtsmethode wurde ab einem Alter von sechs Jahren (in der geänderten Fassung von Sidney Tyler) bis zum Erwachsenenalter angewandt, bei Intelligenzquotienten von 75 bis 150. Derzeit untersucht ein Projekt der Schulkommission die Auswirkungen der Denklektionen an einer Reihe von Schulen, deren Lehrer von Edna Copley ausgebildet worden waren.

Ich erwähne all dies aus verschiedenen Gründen. Die grundlegenden Denkfertigkeiten sind fundamental genug, um Alter, Fähigkeit und Kulturkreis zu überwinden. Es ist möglich, einfache und praktische Systeme zur Übung und Entwicklung der Denkfertigkeit zu entwerfen. Es ist möglich, Denken als Geschicklichkeit direkt zu betrachten. Es ist möglich, daß Lehrer, die keine besondere Ausbildung dafür hatten, oder (wie es in Venezuela der Fall war) denen nur Grundbegriffe über verschiedene Trainer verschiedener Stufen beigebracht worden waren, diese Fertigkeiten lehren. Dies alles ist wichtig zu wissen, da nur allzu häufig bemerkt wird: »Wir würden gerne die Fertigkeit des Denkens weitervermitteln, aber es gibt keine praktische Methode dazu«.

Wichtig ist auch sich klarzumachen, daß hinter den in diesem Buch dargelegten Techniken eine Menge Erfahrung steckt. Es handelt sich hier nicht um einen speziell für eine Fernsehserie oder für ein Buch erdachten Prozeß.

Die in meinem Buch »Teaching Thinking« beschriebene Vorgehensweise ist recht einfach. Sie basiert auf Hilfsmitteln methodischer Art und dem Bewußtsein. (Die Hilfsmittel sind absichtlich mit Abkürzungen wie PMI gekennzeichnet. Dies erleichtert die Bezeichnung der einzelnen Vorgehensweisen.) Methoden zwingen zu Aufmerksamkeit. Eine Person führt beispielsweise die »PMI-Methode« durch. Die Mittel werden für ein breites Spektrum von Situationen eingesetzt. Jedes einzelne ist nur für einen ganz kurzen Zeitraum, nämlich zwei bis vier Minuten, gedacht. Dann wendet der Denker das Hilfsmittel auf eine andere Thematik an. Dadurch wird sichergestellt, daß die Aufmerksamkeit eher auf das Werkzeug als auf den Inhalt gerichtet ist. Wesentliches Problem beim Denkunterricht war bisher stets die mangelnde Übermittlung des Stoffs. Vorgehensweisen enthalten die genaue Beschreibung, was zu tun ist, um zu einer Lösung zu kommen. Der Vorgang ist weder induktiv (hinführend) noch deduktiv (folgernd), sondern »operativ«. Das zweite Element des Denkkurses ist das »Bewußtsein«. Hierbei handelt es sich um Einblick, Realisierung und Verständnis dessen, was sich beim Denken abspielt. Wenn wir dazu gelangen, die »Landschaft« des Denkens zu verstehen, wird es einfacher für uns, uns darin zurechtzufinden. Die Hilfsmittel dienen uns zur Orientierung und Fortbewegung.

Der Denker

Wie könnte man einen effektiven Denker definieren?

Als jemanden, der von seinem Denken überzeugt ist; der nicht davon ausgeht, daß er recht haben wird, oder daß er tatsächlich die Antwort auf eine Problemfrage finden wird, sondern überzeugt, daß er sein Denken willentlich einschalten und bewußt in jede von ihm gewünschte Richtung lenken kann; als jemanden, der sein Denken kontrolliert und nicht einfach von Idee zu Idee, von Gefühl zu Gefühl wandert. Ein effektiver Denker ist sich seiner Absichten bewußt: Er kann eine Denkaufgabe genau definieren und sich dann an die Durchführung machen. Er hat sowohl ganz genaue Vorstellungen von der Situation wie auch Überblick darüber. Er zieht die Weisheit der Schlauheit vor. Denken vermittelt ihm ein freudiges Gefühl, auch wenn er einmal nicht so erfolgreich ist. Er ist zuversichtlich und entschieden, aber gleichzeitig auch bescheiden. Er erkennt, daß jede Annäherung nur eine von vielen Möglichkeiten ist, wobei er die meisten überhaupt nicht in Betracht zog. Er ist effektiv und strebt vorwärts. Er ist kraftvoll in seinem Denken und, wo erforderlich, auch praktisch. Er schwelgt nicht in übermäßiger Intellektualisierung, ist nicht übertrieben kritisch oder zittert vor Unentschlossenheit. Nach Abschluß seines Denkvorgangs ist er in der Lage herauszufinden, welchen Fortschritt er nun erzielte. Auch wenn er zu keiner zufriedenstellenden Antwort gelangt, lernt er doch, sich mit dem Erreichten zu bescheiden, sogar wenn es sich dabei nur um die Erkenntnis handelt, daß noch eine Menge mehr Nachdenkens erforderlich sei (und worauf es gerichtet werden solle).

Der Denker betrachtet Denken als eine Geschicklichkeit, die es sowohl zu üben wie auch zu beobachten gilt. Er ist fähig, über das Denken im allgemeinen wie auch über sein eigenes Denken im besonderen Überlegungen anzustellen. Er ist objektiv und stellt fest, wo sein eigenes Denken die Grenzen des Effektiven unterschreitet. Er ist sich bewußt, was getan werden muß, auch wenn er selbst nichts unternehmen kann. Er beobachtet die Denkweise anderer, und zwar nicht, um deren Fehler herauszufinden, sondern eher wie ein Kartograph, der das Terrain erkundet. Er ist eher konstruktiv als kritisch und setzt voraus, daß es Sinn und Zweck des Denkens sei, ein tieferes Verständnis, eine bessere Entscheidung oder einen günstigeren Handlungsverlauf zu erzielen, keinesfalls aber, um nachzuweisen, daß er klüger sei als andere. Er bewundert eine Idee wie eine schöne Blume, unterschiedslos, in welchem Garten sie wächst.

Arroganz stellt für ihn die größte Denksünde dar.

Er ist möglicherweise zu perfekt und ideal, um überhaupt zu existieren. Er ist nicht gefühllos. Aber er sieht den Zweck zu denken als eine Anordnung von Erfahrungen, um seine Gefühle nützlicher einsetzen zu können.

Selbstbetrachtung

Die vielleicht auffälligste Auswirkung der CoRT-Lektionen an Schulen ist die Veränderung des Selbstbildes. Vor deren Anwendung scheinen zwei eigenständige Betrachtungsweisen existent zu sein. Die erste ist »ich bin intelligent«, was bedeutet, daß Prüfungen bestanden sowie die Fragen des Lehrers beantwortet werden und die Schule ein Feld des Ruhmes und Erfolges ist. Die zweite ist »ich bin nicht erfolgreich« und die Schule ist reine Zeitverschwendung und der Unterricht langweilt. Nach den CoRT-Lektionen wechselt man zu einer einzigen Sehweise über: »Ich bin ein Denker«. Dies ist ein konstruktives und positives Bild. »Ich bin in der Lage, über Dinge nachzudenken, meine Ideen sind von Wert, ich kann anderen zuhören.« Die Selbsteinschätzung »intelligent« oder »nicht intelligent« sind Wertschätzungen, die es zu verteidigen gilt. Die »Denker«-Vorstellung ist eine tätige Vorstellung, die eher in Betrieb genommen als verteidigt werden muß. Beachten Sie dabei, daß die Selbstbetrachtungsweise eines Denkers nicht das Eigenschaftswort »gut« beinhalten muß.

Denken Sie langsam

Wir denken meist viel zu schnell, wobei ich mich in diesem »wir« mit einschließe. Wahrscheinlich überzeugten uns Tests und Prüfungen, daß es wichtig sei, möglichst schnell eine Antwort zu finden. Vom Standpunkt des Denkens aus gesehen ist dies falsch. Sogar in Notfällen besteht ausreichend Zeit, langsam zu denken. Bei Hotelbränden werden die meisten Todesfälle durch Panik verursacht. Statt auf eine Schlußfolgerung loszustürzen, müssen wir langsam denken, schrittweise, wie in der nachstehenden Zeichnung vorgeschlagen. An jedem Punkt sollten wir uns umwenden, um festzustellen, wo wir überhaupt stehen, und um die Umgebung zu erforschen.

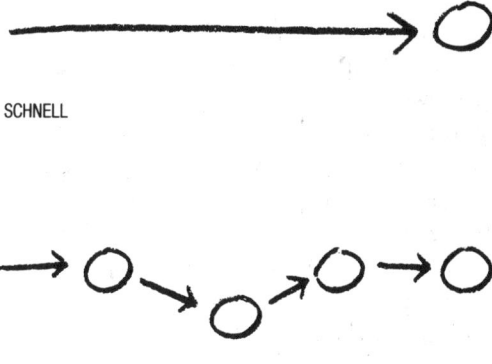

SCHNELL

LANGSAM

23

Wir verwechseln schnelles Verstehen mit schnellem Denken und Langsamkeit mit schwer von Begriff sein. Wenn wir jedoch »langsam« mit »gemächlich« oder »erforschend« ersetzen, dann können wir die Vorteile langsameren Denkens leichter erfassen. Die schlichte Gewohnheit zu versuchen, etwas langsamer zu denken, kann eine große Veränderung in der Wirksamkeit unseres Denkens hervorrufen. Dies gehört zur allgemeinen Denkfertigkeit. .

Langsam zu denken bedeutet, daß wir jeden einzelnen Schritt schärfer ins Auge fassen können. Es gibt auch ganz spezielle Hilfsmittel, Methoden, die wir dazu heranziehen können.

2. Pluspunkte, Minuspunkte, interessante Punkte (PMI)

Ich bat einmal siebzig gescheite Erwachsene jüngeren Alters, einen Essay über den Vorschlag zu verfassen, die Ehe solle ein alle fünf Jahre zu erneuernder Vertrag sein. Siebenundsechzig von ihnen schrieben ihre Ansicht zu dieser Idee im ersten Satz ihrer Abhandlung nieder und untermauerten im restlichen Aufsatz diese Gedanken. Das Thema wurde also nicht eigentlich erforscht, sondern eine bereits gebildete Meinung wurde lediglich gestützt. Dieser Stil wird manchmal für das Verfassen von Essays empfohlen.

Wie ich bereits früher in diesem Buch bemerkte, ist einer der gravierendsten Fehler, das Denken dazu zu verwenden, eine (durch ersten Eindruck, oberflächliches Überlegen, Vorurteil oder Tradition) vorgefaßte Ansicht zu unterlegen, und bildet so den vielleicht schwerwiegendsten Mangel der Intelligenzfalle, wobei hoch intelligente Menschen mehr davon betroffen werden als andere. Es fällt ihnen allzu leicht, einen gewissen Standpunkt zu vertreten, so daß ein tatsächliches Erforschen der Angelegenheit als Zeitverschwendung erscheint. Wenn man weiß, daß man recht hat und dies den anderen nachweisen kann, warum sollte man die Angelegenheit dann noch gründlich untersuchen?

Die PMI-Methode ist ein wunderbares Denkwerkzeug; sie ist so einfach, daß es fast unmöglich scheint, sie zu erlernen, weil jeder davon überzeugt ist, sie sowieso bereits anzuwenden. Die Buchstaben wurden ausgewählt, um eine leicht aussprechbare Abkürzung zu erhalten. Wir, aber auch andere, können uns dazu auffordern, die »PMI-Methode« durchzuführen.

P   steht für *p*lus oder die guten Punkte.
M   steht für *m*inus oder die schlechten Punkte.
I   steht für *i*nteressant oder die interessanten Punkte.

PMI dient der bewußt gesteuerten Aufmerksamkeit. Bei der Durchführung der PMI-Methode richtet man die Aufmerksamkeit absichtlich zuerst auf die *Plus*punkte, dann auf die *Minus*punkte und letztendlich auf die interessanten Punkte, und zwar ganz bewußt und diszipliniert über einen Zeitraum von insgesamt zwei bis drei Minuten.

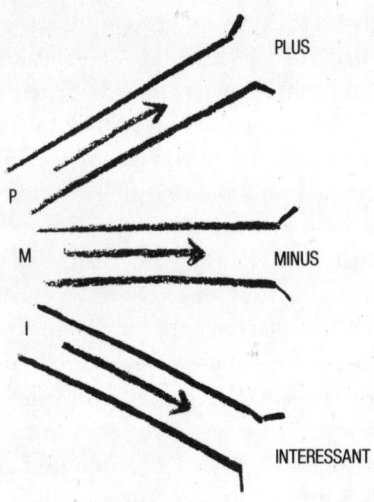

Die PMI-Methode ist die erste der in den Schulen verwendeten CoRT-Lektionen, und zwar aus folgendem Grund: Solange nicht ein gewisses Quantum der PMI-Methode angenommen ist, wären die restlichen sechzig Lektionen reine Zeitverschwendung. PMI legt den Modus der Objektivität und der kritischen Prüfung fest, was ich später noch näher erläutern werde.

Ich wurde einmal gebeten, vor einer Gruppe von Lehrern in Sydney, Australien, eine CoRT-Lektion vorzuführen. Vor Beginn fragte ich die Gruppe von dreißig Jungen (im Alter zwischen zehn und elf Jahren), was sie von der Idee hielten, für den bloßen Schulbesuch pro Woche fünf Dollar zu erhalten. Allen gefiel der Gedanke, und sie begannen sofort, mir zu erzählen, was sie mit dem

Geld anfangen würden (Süßigkeiten oder Comic-Hefte und so weiter kaufen). Dann erklärte ich ihnen die PMI-Methode und bat sie, den fünf Dollar-Vorschlag auf die Plus-, Minus- und Interessant-Punkte hin zu untersuchen. Sie sollten dies in Gruppen von je fünf Schülern durcharbeiten. Nach Ablauf von drei Minuten gab ein Sprecher jeder Gruppe das Ergebnis bekannt. Viele Aspekte tauchten auf:

- Die größeren Jungen würden sie schlagen und ihnen das Geld wegnehmen.
- Die Eltern würden keine Geschenke machen oder kein Taschengeld zahlen.
- Die Schule würde die Gebühren für die Mahlzeiten erhöhen.
- Wer würde entscheiden, wieviel Geld jede Altersgruppe erhalten sollte?
- Es würde um das Geld Streit geben und zu Schulstreik aufgerufen werden.
- Woher würde das Geld kommen?
- Es wäre weniger Geld zum Bezahlen der Lehrer vorhanden.
- Die Schule hätte kein Geld, einen Kleinbus zu kaufen.

Am Ende der Übung wurde die Klasse gefragt, ob ihnen die Vorstellung einer Bezahlung für den Schulbesuch immer noch gefiel. Nachdem vorher dreißig von vierzig den Vorschlag für gut befunden hatten, hatte es nun den Anschein, daß neunundzwanzig von dreißig ihre Ansicht völlig geändert hatten und die Idee sie überhaupt nicht mehr begeisterte. Wichtig dabei ist die Feststellung, daß ein ganz einfaches Prüfinstrument, das von den Kindern selbst verwendet worden war, diese Veränderung hervorgerufen hatte. Ich selbst hatte in den Prozeß der Meinungsbildung nicht eingegriffen und über die Angelegenheit kein zusätzliches Wort verloren.

Nehmen wir einmal an, Sie werden gebeten, die PMI-Methode anläßlich des Vorschlags, daß alle Autos gelb angestrichen werden sollten, anzuwenden. Ihre Ergebnisse könnten vielleicht folgendermaßen aussehen:

P

- leichter auf der Straße zu sehen;
- leichter bei Nacht zu erkennen;
- kein Problem bei der Farbwahl;
- keine Wartezeit, die gewünschte Farbe zu erhalten;
- einfacher für den Hersteller;
- der Händler benötigt ein kleineres Lager;
- die »Macho-Komponente« beim Besitz eines Autos könnte ausgeschaltet werden;
- Autos würden zum reinen Transportgegenstand;
- bei geringfügigen Zusammenstößen wären die auf dem eigenen Wagen hinterlassenen Farbspuren die gleichen wie auf dem gegnerischen.

M

- langweilig;
- schwierig, den eigenen Wagen zu erkennen;
- sehr schwierig, das eigene Auto auf einem Parkplatz zu finden;
- erleichtert Autodiebstahl;
- das viele Gelb kann die Augen ermüden;
- es wäre schwieriger für die Polizei, ein bestimmtes Auto zu verfolgen;
- Unfallzeugen hätten es schwerer, ein Auto zu identifizieren;
- die Freiheit, eine Farbwahl zu treffen, geht verloren;
- Ruin für einige Farbhersteller und -lieferanten.

I

- interessant, das Entstehen verschiedener Gelbschattierungen zu beobachten;
- interessant festzustellen, ob die Menschen den höheren Sicherheitsfaktor schätzen würden;
- interessant zu beobachten, ob sich die Einstellung dem Auto gegenüber ändern würde;
- interessant zu sehen, ob die Innenausstattung zu einer anderen Farbe überwechseln würde;
- interessant festzustellen, ob die Farbe Gelb durchsetzbar wäre;
- interessant zu sehen, wer den Vorschlag unterstützen würde.

Dieses Unternehmen durchzuführen ist ziemlich einfach. Nicht leicht ist, die Aufmerksamkeit bewußt von einer Richtung in die andere umzulenken, wenn das eigene Vorurteil bereits über eine bestimmte Meinung zu einer gewissen Idee entschieden hat. Es ist der »Wille«, in eine Richtung zu blicken, der so bedeutsam ist. Ist dies einmal erreicht, dann wird die Intelligenz auf natürliche Weise angespornt, so viele P- oder M- oder I-Punkte wie möglich zu finden. Hier trifft man auf eine Schaltstelle. Statt Intelligenz dafür aufzuwenden, ein gewisses Vorurteil zu unterstützen, nützt man sie dazu, ein bestimmtes Thema zu durchleuchten.

Am Ende dieser Überprüfung können Emotionen und Gefühle dazu eingesetzt werden, eine Entscheidung über die Angelegenheit zu fällen. Der Unterschied liegt darin, daß die Emotionen erst nach sorgfältiger Prüfung eingesetzt werden; kämen sie früher zum Tragen, würden sie ein Durchforsten verhindern.

Kritische Prüfung

Manchmal bezeichnen wir die CoRT-Methode als die »Brillenmethode«. Ist eine Person kurzsichtig, und wird ihr dann eine angemessene Brille angepaßt, ist sie in der Lage, weiterreichend und klarer zu sehen. Ihre Reaktionen entsprechen ihrem besseren Sehvermögen. Dieser Mensch kann forthin genau dasselbe Wertsystem wie vorher anwenden – er wendet es nun bei besserer Sicht an. Denkmethoden wie PMI übernehmen die Funktion der Brille, indem sie es uns ermöglichen, klarer, mit mehr Verständnis für die Konsequenzen zu sehen. Wir reagieren dann auf das, was wir sehen.

Ein dreizehnjähriges Mädchen erzählte uns einmal, wie es anfangs glaubte, die PMI-Methode sei etwas sehr künstliches, da es bereits wisse, wie es über ein gewisses Thema denke. Nachdem es dennoch verschiedene Punkte zu P, M und I zusammengetragen hatte, berichtete es jedoch, wie es plötzlich eine eigene Reaktion auf das von ihm gesammelte Material bemerkte, worauf sich seine Einstellung änderte. Genau dies hofft man zu erreichen. Sobald einmal eine Idee durchgedacht und in die verschiedenen Rubriken eingeordnet wurde, kann man sie nicht mehr »ungedacht« machen, und sie wird in jedem Fall die endgültige Entscheidung beeinflussen.

Einmal meinte einer der Jungen bezüglich der Frage nach den gelben Autos, daß einer der Pluspunkte sei, daß die Autos aufgrund der hellen Farbe sauberer gehalten werden müßten. Ein weiterer Junge stellte fest, daß die Sauberkeit eigentlich ein »Minus« darstelle, da er den Wagen seines Vaters waschen müsse. Beide hatten recht – der Junge, der den Sauberkeitsaspekt bei der Plusbewertung berücksichtigte wie auch der Junge, der ihn bei der Minusvergabe anführte. Bei der PMI-Methode schauen wir nicht auf die Werte, die der Punkt beinhaltet. Es handelt sich keinesfalls um eine Werteinschätzung. Wir halten Ausschau nach dem, was wir entdecken, wenn wir in die eine oder andere Richtung sehen. Dieser Unterschied ist äußerst wichtig.

Ein Mädchen schaut Richtung Süden und sieht eine Kirchturmspitze. Ein anderes Mädchen, das sich an einem anderen Standort befindet, blickt in Richtung Norden und sieht die gleiche Kirchturmspitze. Handelt es sich nun um eine nördlich oder um eine südlich gelegene Kirche? Sie ist offensichtlich beides. Genau so ist es bei der PMI-Methode. »P« stellt ebenso eine kritische Prüfrichtung dar wie »nördlich«. Wir blicken in diese Richtung und sehen, was wir sehen, wir stellen fest, was wir sehen. Dann schauen wir in die nächste Richtung. Absicht dabei ist lediglich, kritisch zu prüfen – *nicht*, Werte zuzuteilen.

Manchmal werde ich gefragt, ob es denn richtig sei, die einzelnen Punkte so, wie sie auftauchen, durchzugehen und dann jeden einzelnen zu beurteilen und in eine bestimmte »Kategorienschublade« mit der Bezeichnung »plus« oder »minus« oder »interessant« abzulegen. Dies ist ausgesprochen falsch und macht den ganzen Sinn von PMI zunichte. Die Punkte danach zu beurteilen, wie sie gerade auftauchen, ist eine Entscheidungsübung. Von einer Richtung in die andere zu blicken ist eine Übung des kritischen Prüfens. Es ist sogar wahrscheinlich, daß der chemische Vorgang im Gehirn, wenn wir auf ein »plus« oder in eine positive Richtung sehen, einen anderen Ablauf aufweist als wenn wir auf ein »minus« oder in eine negative Richtung blicken.

Die PMI-Methode ist, da sie die kritische Prüfung so deutlich veranschaulicht, fast selbst ein Miniaturdenkkurs.

Interessant

Das Element »I« oder »interessant« bei der PMI-Methode weist mehrere Funktionen auf. Es kann all die Punkte und Bemerkungen aufnehmen, die weder positiv noch negativ sind. (Hier möchte ich auch darauf hinweisen, daß es durchaus in Ordnung ist, einen bestimmten Punkt in beide Kategorien einzuordnen, wenn er sowohl als P wie auch als M eingestuft wird.) »I« fördert auch die überlegte Gewohnheit, eine Sache außerhalb des Beurteilungsrahmens zu erforschen, um herauszufinden, was an der Vorstellung so interessant ist und wohin sie führt. Ein ganz einfacher, nützlicher Satz zur »I«-Bestimmung ist: »Wäre es interessant zu sehen, ob . . .« Hierdurch wird der Denker ermutigt, die Idee auszudehnen statt sie als statisch zu behandeln.

Ein weiterer Aspekt der »I«-Richtung ist festzustellen, ob ein bestimmter Gedanke zu einem neuen führt. Dieser »Bewegungswert« einer Idee wird in diesem Buch noch eingehender im Abschnitt zum lateralen Denken behandelt werden.

Schließlich trainiert das »I« den Verstand auf sein Interesse an einer Idee und nicht nur darauf, wie er auf die Beurteilungsintuition reagiert. Ein Denker sollte in der Lage sein festzustellen: »Mir gefällt deine Idee nicht, aber sie weist interessante Bestandteile auf . . .« Leider macht man allzu häufig die Erfahrung, daß diese Art Reaktion äußerst selten ist.

Nutzen der PMI-Methode

Viele Leute behaupten, sie würden die PMI-Methode sowieso anwenden. Dies trifft möglicherweise auf Situationen zu, bei denen ein großes Maß an Unentschiedenheit vorhanden ist. Aber dies ist nicht der Hauptzweck von PMI. Im Gegenteil, PMI sollte besonders dann angewendet werden, wenn wir *keinerlei Zweifel* über eine gewisse Situation verspüren, sondern uns sofort entscheiden, daß wir sie für gut oder für nicht gut befinden (wie die Reaktion der Schuljungen in Sydney beim Vorschlag einer Bezahlung von fünf Dollar pro Woche). PMI ist als Verstandesgewohnheit ganz bewußt darauf ausgerichtet, uns zur kritischen Prüfung von Situationen zu zwingen, bei denen wir dies normalerweise für unnötig halten würden.

Sie können beispielsweise jemanden bitten, die PMI-Methode anzuwenden, wenn diese Person Ihren Vorschlag als sinnlos abgewunken hatte. Sie können jemanden auffordern, die PMI-Methode durchzuführen, sollte der Anschein bestehen, eine vorgefaßte Reaktion auf eine Situation sei gegeben. Die PMI-Methode ist sinnvoll, da sie mittelbarer ist als direkte Uneinigkeit oder Konfrontation. Bei der PMI-Methode bitten Sie eine Person, ihre Intelligenz durch kritische Prüfung einer bestimmten Sache darzulegen. Dies unterscheidet sich völlig von der Bitte an eine Person, eine Meinung umzukehren. Normalerweise weicht die so aufgeforderte Person nicht vor der Anwendung der PMI-Methode zurück, da sie der Ansicht sein wird, dies diene nur der Unterstützung der bereits gefaßten Meinung.

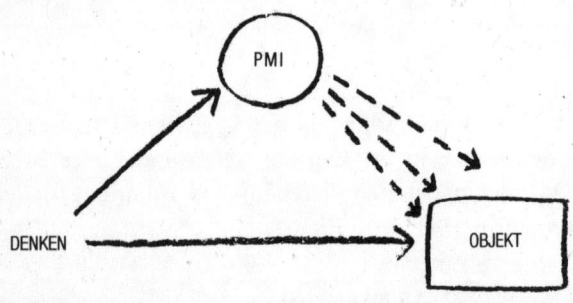

Ich führte einmal ein Experiment mit einhundertvierzig leitenden Angestellten durch. Ich teilte sie in zwei zufällige Gruppen auf (je nachdem, ob ihr Geburtstag auf ein gerades oder ungerades Datum fiel). Dann stellte ich jeder Gruppe eine Aufgabe. Einer Gruppe schlug ich eine »datierte« Währung vor, wobei dieser Währung in jedem Jahr das Datum aufgedruckt werden sollte und es Wechselkurse zwischen den verschiedenen Jahren geben könnte. Die andere Gruppe hatte über »die Ehe als Fünfjahresvertrag mit der Möglichkeit der Verlängerung« zu befinden. Die Erstentscheidungen wurden eingesammelt. Dann wurden die Probleme getauscht. Diesmal erklärte ich die PMI-Methode und bat jeden einzelnen, diese vor der Entscheidung anzuwenden. Hätte jeder derartige Überlegungen gleich zu Anfang gestellt, würde keine Veränderung der Ansicht feststellbar sein (vorausgesetzt, die Gruppen waren zufällig). Aber nun trat ein Wandel ein: Vor der PMI-Methode waren vierundvierzig Prozent für die datierte Währung, danach nur noch elf Prozent. Genau das Gegenteil trat beim Vorschlag eines verlängerbaren Ehevertrags ein. Vor der PMI-Methode sprachen sich dreiundzwanzig Prozent dafür aus, danach stieg der Prozentsatz auf 38.

Die PMI-Methode anwenden ist nicht dasselbe wie Pro- und Kontra-Punkte aufzulisten, was eher einer Beurteilungsübung gleicht. Hinzu kommt, daß die Gedankenlinie »interessant« eine Berücksichtigung jener Dinge erlaubt, die weder unter »für« noch unter »gegen« fallen würden.

Übung

Auch wenn die PMI-Methode sehr einfach erscheint, sollte man ihre Wirksamkeit dennoch nicht unterschätzen. Ich konnte beobachten, wie eine stark emotionsgeladene Versammlung vom Vorurteil zu einem genau überlegten Thema überwechselte. Sobald einmal die Wahrnehmung in eine bestimmte Richtung gelenkt ist, führt sie unweigerlich zu neuen Einsichten, und sobald dies einmal erreicht ist, kann dies nicht ungeschehen gemacht werden.

Der Schlüssel zur PMI-Methode ist die Übung. Üben Sie es,

diese PMI-Methode selbständig durchzuführen, und verlangen Sie es auch von anderen. Es genügt bereits eine einfache Kurzschrift-Anweisung. Gerade die Entfremdung der schriftlichen Fixierung ist bedeutsam, um Sehschärfe zu erlangen. Die bloße Ermahnung, die guten und die schlechten Punkte zu betrachten, ist bei weitem nicht ausreichend, um Wirkung zu zeigen.

Zur Übung kann die PMI-Methode auf jedes der drei nachstehenden Themen angewandt werden, wobei für die vollständige PMI-Methode in jedem der drei Fälle drei Minuten gewährt werden. Jedes Thema kann man allein oder in einer kleinen Diskussionsgruppe abhandeln.

1. Was halten Sie von dem Vorschlag, jeder solle ein Abzeichen tragen, auf dem seine persönliche Laune angeschrieben sei?

2. Sollte jedes Kind einen älteren Menschen adoptieren, um für ihn zu sorgen?

3. Sind Wochenendgefängnisse für minderjährige Kriminelle eine gute Idee?

3. Alternativen

In der Regel befürwortet man eine bestimmte Ansicht nicht aufgrund intensiver rationaler Überlegungen, meist sprechen andere Gründe dafür. Dies rückt die PMI-Methode besonders in den Mittelpunkt: Sie wirkt dieser natürlichen Neigung entgegen. Genau parallel dazu bildet die vorsätzliche Suche nach Alternativen einen äußerst bedeutenden Bestandteil der Denkfertigkeit, da sie gleichzeitig der natürlichen Verstandesneigung entgegentritt. Der Verstand tendiert normalerweise zu Gewißheit, Sicherheit und Überheblichkeit. Dies beruht auf seiner Arbeitsweise, wie er Denkmuster entwirft und Denksysteme anwendet, was ich im nachfolgenden Kapitel noch näher beschreiben werde. Der Verstand möchte auf sichere Weise so schnell wie möglich erkennen und identifizieren. Die Gewißheit des Erkennens bedeutet, daß etwas unternommen werden kann, ein Bündel Alternativen hingegen, daß noch keine Lösungsschritte eingeleitet werden können, da es schwierig ist, sich in mehrere Richtungen gleichzeitig zu bewegen, und sogar völlig unmöglich, wenn einige dieser Richtungen widersprüchlich sind. Alternativen weisen auch auf Unschlüssigkeit hin.

Ein guter Arzt möchte eine Diagnose zu einer Krankheit stellen und dann mit der Behandlung beginnen. Dieser Arztvergleich verdeutlicht das Dilemma. Wen würden Sie als Patient bevorzugen: Einen Arzt, der herbeieilt, aufgrund erheblicher Erfahrung zu einer schnellen Diagnose gelangt, in arroganter Weise auf dieser Diagnose beharrt und Sie mit immenser Zuversicht behandelt; oder einen Arzt, der Sie gründlich untersucht, dabei alle nur möglichen Alternativen in Betracht zieht, diese durch Tests ergründet, schließlich eine Diagnose stellt und Sie entsprechend behandelt (wobei er immer noch bereit ist, seine Diagnose zu ändern). Im täglichen Leben werden Sie den erstgenannten Arzt mit seiner großen Zuversicht tatsächlich bevorzugen. Sie hätten es sicher nicht gern, wenn der zweite Arzt *Ihnen* die verschiedensten Alternativen aufzählen würde und dabei einen zögernden und unentschlossenen Eindruck machen würde. Verstandesgemäß würden Sie es jedoch vorziehen, wenn der erste Arzt sich – würde er einen groben Fehler begehen – auch weiterhin so zuversichtlich zeigen würde.

Der Verstand neigt dazu, wie der zuerst beschriebene Arzt zu arbeiten; schließlich geht das Leben für uns weiter, und ein Wirrwarr von Alternativen würde nur ängstliche Unentschiedenheit bedeuten.

Aufgrund dieser natürlichen Neigung des Verstandes müssen wir eine wohl durchdachte Methode entwickeln. Wie bei der PMI-Methode wollen wir für uns eine konkrete Anleitung erstellen, die wir dann allein oder zusammen mit anderen heranziehen können, wann immer eine Suche nach Alternativen erforderlich scheint. Eine hilfreiche Vorgehensweise ist, Alternativen zu suchen, daraus die wirklichen oder wahrscheinlichen Möglichkeiten auszuwählen und schließlich die End-Auswahl zu treffen. Die praktische Anwendung dieser Methode werden wir etwas später in diesem Kapitel näher erläutern (siehe auch »APC« – »alternatives, possibilities, choices«; »Alternativen, Möglichkeiten, End-Auswahl«).

Einfache Alternativen

Manchmal ist es einfach und lustig, nach Alternativen zu suchen. Wir empfinden gewisse Freude bei jeder neuen Möglichkeit, die wir aufspüren. Die unten abgebildete Zeichnung stellt keinen bestimm-

ten Gegenstand dar. Aufgabe ist hier, all die verschiedenen Dinge aufzuzählen, die möglicherweise abgebildet sind. Sie können nun das Buch beiseitelegen und so viele Alternativen wie möglich erdenken. Sie können aber auch die hier aufgeführten Vorschläge lesen und versuchen, selbst einige hinzuzufügen.

- zwei mit Helium gefüllte Ballons
- Krapfen auf Stöckchen
- Pfefferminzlutscher
- Blumen
- Zielscheibe für schielende Herren
- Blick in zwei lange Röhren
- tot umgefallenes Skateboard
- Draufsicht auf zwei Köche, die auf einer Veranda Spiegeleier braten
- Draufsicht auf zwei Mexikaner, die sich gegen eine Wand stemmen
und so weiter ...

Die Aufgabe ist lustig und relativ einfach. Schwierig ist jedoch, *sämtliche* Möglichkeiten herauszufinden. Sehr häufig erweist sich eine Möglichkeit erst auf den zweiten Blick als völlig klar und offensichtlich; sie war nur deshalb schwer zu begreifen, weil uns niemand auf diese Möglichkeit hingewiesen hatte.

Stellen Sie sich ein Glas gefüllt mit Wasser auf einem Tisch vor. Die Aufgabenstellung lautet, das Glas Wasser zu leeren. Weder ist Ihnen dabei erlaubt, das Glas in irgendeiner Weise zu beschädigen noch zu kippen. Wieviele verschiedene Möglichkeiten fallen Ihnen ein? Wie vorhin können Sie auch jetzt das Buch zur Seite legen und Ihre Lösungsmöglichkeiten auflisten, oder aber Sie lesen weiter und fügen den hier aufgezählten Ideen Ihre eigenen hinzu.

- das Wasser ab- oder aussaugen
- das Wasser herausblasen
- Seifenpulver ins Glas geben und das Wasser in Form von Seifen-blasen herauspusten

- Aufsaugen (beispielsweise mit einem Lumpen)
- das Wasser so lange kochen, bis alles verdunstet ist
- das Wasser einfrieren und dann den Eisblock herausholen
- das Glas zentrifugieren
- Sand, Kieselsteine oder einen sonstigen Gegenstand ins Glas geben, um so das Wasser zu verdrängen
- einen Schwamm oder sonstiges aufsaugendes Material verwenden
- einen mit Wasser gefüllten Ballon ins Glas geben, um das Wasser zu verdrängen

und so weiter . . .

Auch diesmal ist die Aufgabe relativ einfach, da nur wenige Beschränkungen auferlegt werden (wie etwa Zweckmäßigkeit, Kosten, Schmutz).

Schwierigere Alternativen

Vor vielen Jahren nahm ich an einem Abendessen im Trinity College teil. Neben mit saß ein berühmter Mathematiker, Professor Littlewood. Wir unterhielten uns darüber, wie man Computer fürs Schachspielen programmieren könnte. Wir stimmten darin überein, daß Schach aufgrund der Vielzahl der Figuren und der verschiedenen Züge ein schwieriges Spiel sei. Es schien uns eine interessante Herausforderung, ein möglichst einfaches Spiel zu entwerfen, das dennoch mit einem gewissen Maß an Geschicklichkeit zu spielen war. Daraufhin entwarf ich das sogenannte L-Spiel, bei dem jedem Spieler nur eine Figur zur Verfügung steht (eine L-förmige Figur). Bei jedem Zug bewegt der Spieler die Figur auf irgendein leeres Feld (durch Überspringen, Umkehren oder durch Überqueren des Spielbretts bis zu einer freien Position etc.). Nach Ziehen seiner L-Figur kann der Spieler – falls er dies wünscht – irgendeinen der kleinen neutralen Steine (in der Zeichnung als Kreise gekennzeichnet) in eine neue Position bewegen. Ziel des

Spiels ist, die L-Figur des Gegners zu blockieren, so daß ihm jegliche Bewegungsfreiheit genommen wird.

Nachstehend sehen Sie eine entsprechende Illustration der Ausgangsstellung. Wieviele Alternativen sind dem Spieler möglich, der den ersten Zug macht? Ich fand sechzig Varianten heraus, wobei auch die neutralen Steine enthalten sind. Für jemanden, der das Spiel nicht kennt, sind die alternativen Züge der L-Figuren nicht sofort offenkundig.

Eine weitere Aufgabe: Wieviele verschiedene Möglichkeiten gibt es, ein Viereck in vier gleiche Stücke aufzuteilen, so daß jedes einzelne von gleicher Größe, Gestalt und Fläche ist? In der Praxis werden die meisten Menschen sofort sechs bis sieben verschiedene Möglichkeiten herunterrattern. Tatsächlich jedoch gibt es eine unbegrenzte Zahl von Möglichkeiten, diese unendliche Formverschiedenheit zu schaffen. In diesem Fall ist es manchmal nicht leicht, einige der Möglichkeiten herauszufinden – bei längerem Nachdenken jedoch erscheinen alle ganz augenfällig.

Die wahren Schwierigkeiten

Wenn wir uns tatsächlich daran machen, nach Alternativen zu suchen, wird es uns überhaupt nicht schwerfallen, einige zu finden (es mag schwierig sein, viele aufzuspüren, und fast unmöglich, alle herauszufinden). Die eigentliche Schwierigkeit besteht darin, sich überhaupt nach Alternativen umzuschauen.

Vor einiger Zeit mußte ich einen frühen Morgenflug von Los Angeles nach Toronto erreichen. Ich stellte daher den Radiowecker im Hotelzimmer auf vier Uhr dreißig morgens. Zur eingestellten Uhrzeit setzte der Alarm ein, und eingedenk der frühen Morgenstunde und mit Rücksicht auf meine Zimmernachbarn drückte ich auf den Schlummerknopf, der mir noch einige Minuten Schlaf gewähren sollte. Es tat sich nichts. Ich drückte auf den Knopf, der das Weckgeräusch abstellen sollte. Es tat sich nichts. Ich stellte den Alarm von Weckgeräusch auf Radioton um. Es tat sich nichts. Ich versuchte, die Weckzeit neu einzustellen. Es tat sich nichts. Ich zog den Stecker aus der Wand. Es tat sich nichts (dies erstaunte mich nicht allzu sehr, da viele dieser Wecker mit einer zusätzlichen Batterie ausgestattet sind, um kurze Stromausfälle zu überbrücken). Ich deckte den Wecker mit meinem Kopfkissen zu. Es tat sich nichts. Nun schien ich nur noch zwei Möglichkeiten zu haben: entweder den Empfangschef in der Hotelhalle anzurufen und ihn zu fragen, wie man den Alarm zum Stillstand bringt; oder das Ding in einen mit Wasser gefüllten Eimer zu werfen. Erst dann – und auch nur zufällig – bemerkte ich, daß das laute Alarmgeräusch überhaupt nicht vom Radiowecker, sondern von meinem Reisewecker herrührte, den ich am Abend ebenfalls eingestellt und dann völlig vergessen hatte.

Die Moral von der Geschichte ist, daß ich nicht ein einziges Mal anfing zu überlegen, ob es vielleicht eine andere Geräuschquelle geben könne. Es schien mir so offensichtlich, daß es der Radiowecker, den ich eingestellt hatte, sein mußte, daß ich überhaupt nicht auf die Idee kam, nach einer alternativen Möglichkeit zu suchen. Hätte ich nachgedacht, hätte ich mir eine Menge Mühe und Arbeit erspart. Und all dies passierte ausgerechnet jemandem, der sich zeitweise für recht kreativ hält!

Es gibt eine Gegengeschichte: Auf einem Seminar, das ich in Australien hielt, erweckte ein älterer Computerfachman den Anschein, als habe er Schwierigkeiten, den Sinn des lateralen Denkens zu erfassen. Am zweiten Tag kam er nach der Kaffeepause mit mehr Enthusiasmus auf mich zu und sagte dann: »Seit fünfundzwanzig Jahren leerte ich zwei Päckchen Zucker in meinen Kaffee. Ich öffnete stets erst ein Päckchen und dann das andere. Heute aber, obwohl ich offensichtlich gar nicht bewußt daran dachte, ertappte ich mich dabei, wie ich beide Zuckertütchen übereinanderlegte und sie zusammen aufriß. Und dabei ist dies um so vieles einfacher.«

In beiden Geschichten lag die Schwierigkeit nicht darin, eine Alternative zu finden, sondern *sich* überhaupt *anzuschicken*, nach einer zu suchen.

Jenseits des Angemessenen

Es gibt ein einfaches Experiment, das jedesmal, wenn ich es ausprobierte, den gewünschten Erfolg brachte. Ich wendete es ebenfalls in der BBC-Fernsehserie »De Bono's Denkschule« an. Zwei schmale Bretter mit je einem Loch an einem Ende werden auf den Boden gelegt. Auf jedem Brett liegt ein aufgewickeltes Stück Schnur. Aufgabe ist, die Bretter zum Durchqueren des Raumes zu verwenden, ohne dabei mit irgendeinem Teil des Körpers oder der Kleidung den Boden zu berühren.

Manchmal steht der Gefragte auf einem Brett und schiebt das andere Brett nach vorne, wechselt auf dieses Brett über, zieht das erste Brett nach und schiebt es dann weiter nach vorn. Diese Art des Wechselns von einem Brett zum anderen funktioniert zwar, ist jedoch recht langsam.

Eine häufiger gewählte Lösung ist, mit der Schnur ein Brett an jeden Fuß zu binden und dann wie auf Schiern oder Schneeschuhen durch den Raum zu stapfen.

Eine viel bessere Möglichkeit – deren spontane Anwendung ich jedoch nie erlebte – ist, eines der Bretter überhaupt unbeachtet zu lassen und nur auf ein einziges Brett zu treten, die Schnur an dessen vorderem Ende anzubinden und damit dann das Brett gegen die

Fußsohlen zu pressen und so rasch wie möglich durch den Raum zu hüpfen.

Die »Schi- oder Schneeschuhlösung« erscheint so augenfällig und zweckmäßig, daß es nie notwendig scheint, nach einer Alternative Ausschau zu halten.

Sich mit einer »angemessenen« Lösung zufrieden zu geben oder der Lösung möglichst nahe gekommen zu sein, sind der größte Hemmschuh auf der Suche nach einer besseren Alternative.

In einem meiner frühen Bücher, »Practical Thinking«, prägte ich den Ausdruck »Dorfvenus-Effekt«. Die Einwohner eines abgelegenen Dorfes (zu Zeiten, als es noch kein Fernsehen gab) wissen, daß das schönste Mädchen in ihrem Dorf das schönste Mädchen der Welt ist. Sie haben keinerlei Möglichkeit festzustellen, ob es ein noch schöneres Mädchen gibt, solange sie nicht dieser anderen Schönheit persönlich begegnet sind. Solchen Situationen begegnet man häufig in der Wissenschaft, der Industrie, im Staatsbereich und auf anderen Gebieten. Wir sind mit dem, was wir haben, sehr glücklich, da wir uns nichts besseres vorstellen können – und bis dahin sind wir auch nicht motiviert, danach zu suchen. Erst wenn wir diese Tatsache erkannt und verstanden haben, ist es uns mit viel Willenskraft möglich, nach Alternativen Ausschau zu halten – wobei wir wissen, daß wir in den meisten Fällen nichts besseres finden werden, aber dennoch gewillt sind, diese Denkzeit aufzubringen.

Im gleichen Buch legte ich »de Bono's zweites Gesetz« dar, das ganz einfach besagt: »Ein Beweis kann nichts weiter als ein Mangel an Vorstellung sein.«

Häufig sind wir von einer Hypothese oder einer Erklärung ganz einfach deshalb überzeugt, weil wir uns eine alternative Möglichkeit nicht ausmalen können. Klassisches Beispiel dafür ist Darwin's Evolutionstheorie. Sie ist plausibel und verständlich und besser als alles andere. Sie ist jedoch auch unmöglich nachzuweisen. Unser Beweis dieser Theorie beruht auf einem Mangel an Vorstellungsvermögen, sich einen besseren Vorgang auszudenken. Auf ähnliche Weise lehnen wir die Evolutionshypothese von Lamarck ab, da wir uns deren Ablauf nicht vorstellen können. Bei einem Teil von Darwin's Theorie handelt es sich um eine Tautologie. Wenn etwas überlebt, muß dies ein Überlebender sein. Was die Veränderungsmechanismen betrifft, so können diese bei Viren oder Bakterien, die ihre Generationen mehrere tausend Mal schneller durchwandern als Tiere, sehr wohl auftreten. Dieser Wandel wird dann durch genetische Übertragung – von der wir ja wissen, daß sie stattfinden kann – Tieren weitergegeben. Wir können aber auch eine nicht-genetische Evolution mit chemischen Auslösern und Hemmfaktoren durchleben, die von der Mutter zum Kind in ununterbrochener Reihenfolge weitergereicht werden (was zum Lamarckismus führen könnte).

Insgesamt sind hinreichende Theorien in der Wissenschaft das größte Hindernis auf dem Weg zum Fortschritt. Aber allen möglichen verrückten Ideen die Schleusen zu öffnen wäre ziemlich unratsam.

In der Wissenschaft verharren wir in der Praxis auf einer Hypothese, bis wir sie widerlegen können. Dazu führen wir Experimente durch, von denen wir eigentlich hoffen, daß sie die Vermutung bestätigen (dies entspricht der Natur und dem Egobedürfnis des Menschen). Der Fehler bei dieser Art der Annäherung liegt darin, daß die vorhandene Hypothese unsere Auffassung sowie die Art von Beweis, nach dem wir suchen, bestimmt. Deshalb bedarf es häufig eines Fehlers, eines Unfalls oder Zufalls, um zu einer zwingenden Tatsache zu gelangen, nach der wir niemals Ausschau gehalten hätten, hätten wir an der orthodoxen Hypothese festgehalten. Was sollen wir also tun? Einfache Antwort darauf ist, das Idiom, also die Spracheigentümlichkeit, auszuwechseln. Anstatt lediglich an der besten Hypothese festzuhalten, verbringen wir eine Menge Zeit damit, alternative Möglichkeiten zu schaffen, und zwar nicht, um sie zugunsten der besten dann zu verwerfen, sondern um es uns zu ermöglichen, die Dinge in einem größeren Blickwinkel zu sehen. Aber auch die Wissenschaftler machten sich, wie viele andere Menschen, nie allzu viele Gedanken über den eigentlichen Denkvorgang.

Alternativen, Möglichkeiten, End-Auswahl (APC)

Wie ich bereits früher erwähnte, steht APC für Alternativen, Möglichkeiten und End-Auswahl (*a*lternatives, *p*ossibilities and *c*hoices). Bei anderen Gelegenheiten mag das eine oder andere Wort treffender erscheinen, aber man sollte gar nicht versuchen, Unterschiede zu machen. Diese Methode anzuwenden heißt, einen überlegten Versuch durchführen, an diesem bestimmten Ansatzpunkt Alternativen zu schaffen.

Wie bei der PMI-Methode steckt auch hinter der Suche nach Alternativen nichts weiter als das Verlangen, »an dieser bestimmten Stelle« nach weiteren Möglichkeiten zu suchen. Dahinter verbirgt sich kein besonderer Zauber, und dennoch hat diese Methode große Wirkung. Sie wandelt den allgemeinen Wunsch in eine spezifische Vorgehensweise oder ein »Ausführungskonzept« um.

Lassen Sie uns nur einige der Situationen betrachten, bei denen es hilfreich scheint, sich nach Alternativen umzuschauen.

Erklärungen – wie man sie findet

Sie sehen einen jungen Mann, der an einer Tankstelle Bierdosen in den Benzintank seines Wagens leert. Welche möglichen Erklärungen kann es für dieses Verhalten geben? Nachstehend sind einige Möglichkeiten aufgeführt. Fügen Sie neue Alternativen hinzu:

- Es handelte sich nicht um *seinen* Wagen. Er führte einen Sabotageakt durch.
- Er war betrunken.
- Es handelte sich um einen Werbespot für Bier.
- Es war Benzin. Da die Pumpe nicht funktionierte, verwendete er Bierdosen zum Einfüllen
  und weitere Alternativen.

Zur Beurteilung des Verhaltens anderer, beim Versuch, einen Wechsel im politischen Wahlergebnis zu erklären und beim Untersuchen von Konsumverhalten müssen wir alternative Erklärungen schaffen, ganz egal, wie plausibel eine von ihnen erscheinen mag. Es geht nicht darum, die wahrscheinlichste Erklärung zu finden, sondern diese *und* eine Vielzahl anderer, wobei es nur allzu leicht vorkommt, daß man durch eine angemessene Begründung in einer Falle festsitzt.

Hypothese

Auch wenn Männer weniger zu rauchen scheinen, hat es den Anschein, daß Frauen mehr rauchen. Stellen Sie einige alternative Hypothesen darüber auf, warum dies möglich sein kann. Manchmal kann man eine Hypothese praktisch einer Erklärung gleichsetzen. Insgesamt bezieht sich eine Erklärung auf einen einzigen Vorfall oder ein einziges Moment, eine Hypothese hingegen auf einen Vorgang oder einen Trend. Wie ich schon früher anführte, müssen wir alternative Hypothesen schaffen, ganz egal, wie sehr wir auch versucht sind, eine von ihnen für die beste und »einzig richtige« zu halten.

Wahrnehmung

In Neuseeland sprach ich einmal vor einer Gruppe von Industriellen darüber, wie man sich Gelegenheiten verschafft. Viele von ihnen beklagten sich, daß es in Neuseeland so viele Einschränkungen und Bestimmungen gäbe, die es erschweren würden, gegebene Möglichkeiten wahrzunehmen. Einer der Zuhörer hatte dazu jedoch eine andere Einstellung. Er begrüßte die Bestimmungen, indem er sagte: »Wenn man lernt, sich innerhalb dieser Reglementierungen zurechtzufinden, dann überlegen Sie einmal, wie wirksam man seine Mitbewerber sowie neue Wettbewerber, die sich damit nicht zurechtfinden, in Schach hält – aus diesem Grunde halte ich diese Bestimmungen für eine herausfordernde Möglichkeit.«

Ein Forschungsprojekt wurde als Geldverschwendung verurteilt, als sich dabei zeigte, daß Kinder an Schulen mit Schwimmbädern mehr Zeit mit Schwimmen verbrachten. Suchen Sie nach Alternativen: Unter welchem anderen Aspekt könnte man das Projekt noch betrachten?

Probleme

Nach Alternativen zu suchen kann bei vielen Problemen ein hilfreicher Ansatz sein. Zuerst erfolgt die Definition des Problems. Die beste Problembestimmung kann nur durch Herausfinden der Lösung und darauffolgende langsame Rückführung auf die Definition erfolgen. Aber wir können auch nach alternativen Problemdefinitionen suchen. Suchen Sie nach alternativen Definitionen des Problems Stoßverkehr in der Stadt. Wenn wir das Problem in Angriff nehmen, können wir verschiedene Lösungswege einschlagen statt nur von Anfang an nach dem bestmöglichen zu suchen. Versuchen Sie, etwa vier verschiedene Möglichkeiten herauszufinden, um dem Problem Stoßverkehr in Städten näherzukommen.

Wenn wir schließlich einen angemessenen Lösungsweg für ein Problem gefunden haben, können wir uns darüber hinaus wagen und nach verschiedenen Lösungen suchen. Die Zufriedenheit, überhaupt eine Lösung gefunden zu haben, läßt uns unwillig werden, nach einer weiteren zu suchen. Außerdem kann man die andere Lösung ja auch jemand anderem überlassen!

Rückblick

Wir sind gezwungen, ein Problem in Angriff zu nehmen. Bei einem Rückblick müssen wir uns willentlich anstrengen, einen weiteren Blick auf etwas zu werfen, das eigentlich kein Problem darstellt, das relativ glatt läuft und keinerlei besonderer Aufmerksamkeit bedarf. Wir behalten es jedoch im Auge, um festzustellen, ob der Vorgang vereinfacht oder effektiver oder produktiver gemacht werden könnte. Dabei muß man stets prüfen, ob es andere Ausführungsmöglichkeiten gibt (und auch, ob sie überhaupt nötig sind). Wenden Sie die APC-Methode (im Rückblick) zum Thema Verpacken von Schokoladetafeln an.

Entwurf

Bei einem Entwurf sind wir bestrebt, etwas zu schaffen, das einen gewissen Zweck erfüllt. Auf gewisse Weise ist Entwerfen eine viel freiere Tätigkeit als das Lösen von Problemen, da wir verschiedene Wege beschreiten können und verschiedene Stile einsetzen können, vorausgesetzt, wir erreichen unser Ziel.

GLEICHE RICHTUNG

Wichtig hierbei – zumindest bei der Suche nach Alternativen – ist festzustellen, wann Sie alternative Möglichkeiten gebrauchen, die alle in der gleichen Richtung verlaufen und wann Sie wirklich einen völlig neuen Weg einschlagen. Meiner Erfahrung nach stellt eine vorgeschlagene alternative Annäherung nur allzu oft eine Alternative innerhalb derselben Grundannäherung dar.

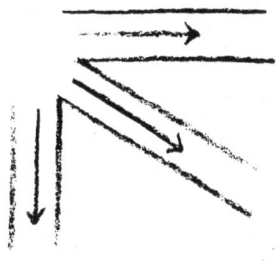

VERSCHIEDENE RICHTUNGEN

Wenden Sie die APC-Methode zum Entwurf eines Telefons an.

Entscheidung

Wirtschaftsuniversitäten und Managementfortbildung betonen sehr stark die Entschlußkraft – auch ich werde dies in diesem Buch noch tun. Man nimmt an, daß die Alternativen offenkundig und daher leicht herauszufinden seien. Dennoch beruht die Schwierigkeit, Entscheidungen zu treffen, häufig auf einem Mangel, ausreichende alternative Möglichkeiten zu finden. Der Entscheidungsprozeß selbst wird diese Wahlmöglichkeiten nicht hervorbringen. Wir müssen die Betonung verlagern vom Entscheiden zwischen Alternativen auf das Schaffen von Alternativen. Ein Konkurrent unterbietet den Verkaufspreis von Toilettenpapier Ihrer Gesellschaft. Sie werden gebeten zu entscheiden, ob Sie die Preise ebenfalls senken sollen, um mit den seinigen gleichzuziehen. Suchen Sie nach Alternativen für Ihre Entscheidung.

Handlungsverlauf

Man erzählte mir einmal von einem alten jüdischen Sprichwort, wonach, wenn es zwei Handlungsmöglichkeiten gäbe, man die dritte wählen sollte. Wie beim Beschlußfassen wird auch hier die Betonung auf die Suche nach Alternativen verlagert. Handlungsmöglichkeiten herauszufinden erfordert eine Problemlösung, einen Entwurf und eine Entscheidung. Stellen Sie alternative Handlungsmöglichkeiten auf für den Fall, daß Sie ein neues Kinderspiel entwerfen sollen.

Vorhersage

Sowohl im Geschäftsleben wie auch in vielen anderen Bereichen ist schon allein der Versuch wichtig, etwas über die Zukunft vorhersagen zu können. Heute getroffene Entscheidungen und Pläne werden in der Zukunft wirksam. Die Investitionen von heute zahlen sich in der Zukunft aus. Jegliche Zukunftprognosen basieren auf der Funktionsbestimmung derzeitiger Trends. Ganz egal, wie falsch diese Methode sein mag, gibt es keine andere Möglichkeit, jemandem eine anders erzielte Vorhersage glaubhaft darzulegen. Und dennoch wissen wir, daß Unterbrechungen auftreten werden und die Zukunft nicht nur aus der Fortsetzung gegenwärtiger Trends bestehen wird. Das beste, was wir tun können, ist, wohlüberlegte alternative Zukunftsmöglichkeiten zu schaffen und dadurch unsere Wahrnehmung zu erweitern, auch wenn wir erst nach deren Verwirklichung daran glauben werden. Science fiction spielt dabei eine nützliche Rolle. Entwerfen Sie nach der beschriebenen Alternativen-Methode mögliche Science fiction-Drehbücher für die Unterhaltungsindustrie.

Die oben angeführte Aufstellung von Situationen, bei denen die APC-Methode nützlich sein könnte, ist natürlich nicht vollständig. Wir sollten auch die Verhandlung, Kommunikation, die Suche nach günstigen Gelegenheiten, Investition, Planung und viele andere Bereiche miteinbeziehen. Wichtig ist, in der Lage zu sein, sich selbst oder andere in der Gruppe aufzufordern: »An diesem Punkt sollten wir gezielt nach Alternativen suchen.«

Praktische Anwendbarkeit

Gegen die Methode, gezielt nach Alternativen zu suchen, werden häufig zwei Einwände angeführt. Eine davon ist, sie sei reine Zeitverschwendung und verursache unnötige Arbeit. Die andere lautet, daß zu viele Alternativen starke Unentschlossenheit schaffen. An beiden ist etwas dran.

Antwort auf den ersten Einwand ist, daß es keine Möglichkeit gibt, darüber zu bestimmen, daß die erste Antwort auf ein Problem gleichzeitig die beste sei, wenn man sich nicht wenigstens etwas darum bemüht hat, andere Antworten zu finden. Zusätzliche Alternativen in der Entscheidungssituation erhöhen die Anstrengung, zwischen diesen Möglichkeiten die endgültige Wahl zu treffen. Dies ist zu schade. Man kann keinen Entschluß verbessern, indem man die Alternativen einschränkt oder verringert. Jeder, der nicht gerne Entscheidungen trifft, sollte sich eine anders geartete Tätigkeit suchen.

Antwort auf den zweiten Einwand ist, bei praktischen Abstrichen erbarmungslos zu sein. Sir Robert Watson-Watt, der Vater des Radars, pflegte zu sagen: »Heute hat man eine Idee, morgen eine bessere, die beste jedoch ... nie.« Dem stimme ich voll zu. Ein Designer, der seinen Entwurf ständig abändert, macht eine Produktion unmöglich. Sollte ich meine Bücher nochmals schreiben, würden sie sicher qualitativ und stilistisch besser ausfallen, sie würden jedoch niemals zur Veröffentlichung gelangen, da der Vorgang der Verbesserung unendlich ist.

Deshalb besteht die Forderung nach praxis-bedingten Schlußstrichen, und Fristen und Pläne müssen festgelegt werden.

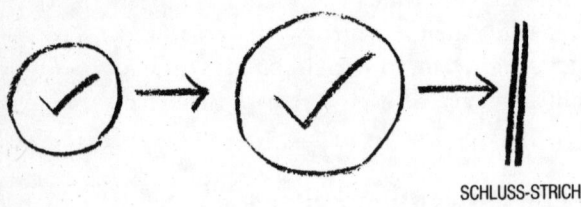

SCHLUSS-STRICH

Wesentlich ist, daß wir nicht zögern sollten, nach Alternativen Ausschau zu halten, nur weil wir uns nichts besseres vorstellen können als das, was wir haben. Wir sollten uns nicht scheuen, uns nach weiteren Möglichkeiten umzusehen, aus Furcht vor der zusätzlichen Mühe, die sie verursachen könnten.

4. Wahrnehmung und Denkmuster

Worin liegt der wesentliche Sinn und Zweck des Denkens?

Er besteht darin, das Denken abzuschaffen. Der Verstand arbeitet, um aus Verwirrung und Ungewißheit Sinn zu bilden und um vertraute Muster in der Umwelt wieder zu erkennen. Sobald ein solches Muster einmal erfaßt ist, greift es der Verstand auf und löst einen entsprechenden Handlungsablauf aus – weiteres Denken ist nicht erforderlich. Ähnlich verhält es sich beim Autofahren. Sobald man auf eine bekannte Straße gelangt, kann man aufhören, den Weg mit Hilfe einer Straßenkarte oder eines Kompasses zu finden oder durch Nachfragen und Lesen der Ortsschilder zu suchen. Auf gewisse Weise gleicht unser Denken einer beständigen Suche nach diesen vertrauten Straßen, die das Denken nicht mehr erforderlich machen.

Aber wie werden diese Muster gebildet, und wie setzt der Verstand sie ein? Wie beeinflussen sie unser Denken, und was können wir dafür tun?

Um den Vorgang des Denkens zu verstehen, müssen wir wissen, wie der Verstand als Informationsverarbeitungssystem funktioniert. Davon soll dieses Kapitel handeln.

Es geht hierbei speziell um das Bewußtsein. PMI und APC waren Hilfsmittel zur Übung und praktischen Anwendung. Nun hoffe ich, einige der Aspekte, wie der Verstand arbeitet, zu durchleuchten. Dieses Bewußtsein ist wesentlicher Bestandteil der allgemeinen Denkfertigkeit.

Wahrnehmung

In meinem Buch »The Mechanism of Mind« erzählte ich folgende Geschichte:

An meinem ersten Tag an der Universität von Oxford fuhr ich zu einer Abendeinladung nach London. Da die Tore des Colleges um

Mitternacht geschlossen wurden und ich wußte, daß ich erst spät zurückkehren würde, erkundigte ich mich bei einem der alt eingesessenen Bewohner nach einer Möglichkeit, über die Mauern einzusteigen. Er meinte, dies sei recht einfach. Zuerst müsse man über die eine Mauer klettern, dann über eine zweite und dann vom Dach des Fahrradschuppens in den viereckigen Hof hinunterspringen. Ich kehrte etwa gegen drei Uhr morgens zurück und begann, die erste Mauer zu erklimmen, die etwa viereinhalb Meter hoch war. Ich ließ mich auf der anderen Seite hinunterfallen und ging weiter, bis ich an die zweite, etwa gleich hohe Mauer gelangte. Ich kletterte hinauf und landete durch einen Sprung auf der anderen Seite. Es dauerte eine Weile, bis mir dämmerte, daß ich wieder draußen auf der Wiese war. Ich war übers Eck nach innen und dann wieder nach außen gestiegen, wie die nachstehende Zeichnung verdeutlicht. Ich fing also wieder von vorne an. Diesmal gab ich mir mehr Mühe, die zweite Mauer zu finden. Ich entdeckte ein eisernes Tor, das meinen Füßen besseren Halt bot. Ich kletterte auf die Oberkante des Tors, woraufhin es sich langsam öffnete: Es war niemals geschlossen gewesen. Endlich gelangte ich auf das eigentliche Universitätsgelände.

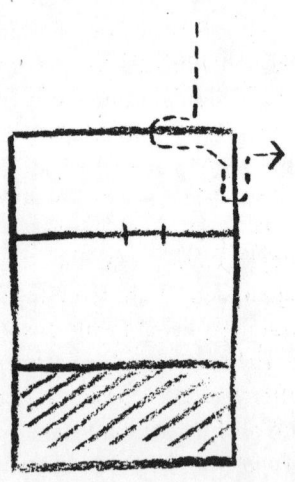

Ich erzählte diese Geschichte einer Gruppe von Computerfach-
leuten; einer von ihnen bemerkte, er habe am selben Ort ähnliches
erlebt. Er hatte vorher jedoch etwas mehr getrunken. Er hatte die
Mauer erstiegen, oben das Gleichgewicht verloren und war herun-
tergefallen. Dies hatte ihn jedoch nicht allzusehr gestört. Er hatte
sich wieder aufgerichtet und begonnen, die Mauer aufs neue zu
erklettern. Aber unglücklicherweise war er in den Hof gefallen, so
daß er nun feststellen mußte, daß er eigentlich wieder auf die Wiese
gelangt war.

Die Moral der beiden Geschichten ist offensichtlich: Meisterhaft
Mauern zu erklimmen garantiert noch lange nicht, daß auch die
richtige Mauer erstiegen wird. Diese Schlußfolgerung ist für das
Denken von großer Bedeutung. Anstelle von »Mauern erklimmen«
setzen Sie bitte »verarbeiten« ein, anstelle von »Mauern erkennen«
»Wahrnehmung«. Somit ergibt sich, daß vorbildliche Verarbeitung
mangelhafte Wahrnehmung nicht ausgleicht.

Wahrnehmung ist die Art, wie wir Dinge betrachten. Verarbeitung ist, was wir mit dieser Wahrnehmung machen. Nach unserer
Denkweise akzeptieren wir drei Fehlschlüsse. Der erste ist, es sei
nicht wichtig, wo man beginnt (damit ist die eigene Wahrnehmung
gemeint), da man sowieso zur richtigen Antwort gelangt, wenn das
Denkvermögen ausreichend gut ist. Zweite Fehlansicht ist, daß
man innerhalb einer gegebenen Situation durch Weiterverarbei-
tung feststellen kann, wo der Ausgangspunkt sich hätte befinden
sollen. Und der dritte Fehler ist, daß eine herkömmliche Wahrnehmungsfähigkeit ausreichend sei, da sie sich über die Zeit aus Versuch und Irrtum entwickelt habe. Diese drei Trugschlüsse brachten
uns dazu, uns mit der Problem-Verarbeitung zu beschäftigen, wofür
wir so wunderbare Hilfsmittel wie die Mathematik entwickelten.
Wir vernachlässigten den Wahrnehmungsbereich, da es keinen
allzu großen Handlungsspielraum für uns zu geben schien.

Paradoxerweise richtete die Entwicklung des Computers mit
seinen meisterhaften »Verarbeitungsfähigkeiten« das Augenmerk
zurück auf den Wahrnehmungsbereich. Sobald wir einmal das
Verarbeiten von Problemen als Voraussetzung betrachten können,

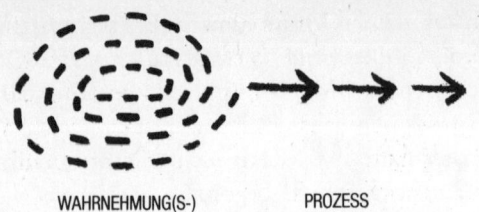

WAHRNEHMUNG(S-)   PROZESS

gewinnt die Wahrnehmung eine noch größere Bedeutung, da die Art, wie wir eine Situation einschätzen, darüber bestimmt, was wir aus ihr machen können.

Im praktischen Leben findet die meiste Denkarbeit auf dem Gebiet der Wahrnehmung statt: wie wir dazu gelangen, die Dinge zu betrachten. Nur bei ganz besonderen Gelegenheiten müssen wir dann auf eine kompliziertere Verarbeitung übergehen. In der Zukunft werden wir mehr und mehr das Verarbeiten dem Computer überlassen. Dies stellt das Wahrnehmungsdenken dem Menschen anheim, und in diesem Punkt müssen wir noch sehr viel dazulernen.

Meine Lieblingsdarstellung des Problems der Wahrnehmung ist die Öl- und Essig-Frage (an anderer Stelle nannte ich sie die Wein- und Wasser-Frage). Sie sind gerade damit beschäftigt, eine Salatsauce anzurühren. Vor Ihnen steht ein Glas mit Olivenöl und eines mit Weinessig. Sie nehmen einen Löffel voll Öl aus dem Ölbehälter und geben es zum Essig. Nach gründlichem Umrühren nehmen Sie einen Löffel von dieser Mischung und schütten sie zurück ins Ölglas. Nun halten Sie an. Befindet sich jetzt mehr Öl im Essig oder mehr Essig im Öl? (Eigentlich ist es völlig belanglos, aber wir können davon ausgehen, daß die Löffelmenge weniger als ein Fünftel der Füllmenge des Glases ist.)

In einem früher veröffentlichten Buch (»The Use of Lateral Thinking«) schrieb ich, daß sich meiner Meinung nach ebensoviel Öl im Essigglas wie Essig im Ölglas befände. Meine Verleger standen dieser Vermutung sehr skeptisch gegenüber. Nach Erscheinen des Buches erhielt ich einen höflichen Brief von einem Logiker, in dem er mich auf meinen Irrtum hinweis. Er erklärte, daß es sich bei dem Löffel voll Öl um reines Öl handle. Der nächste Löffel hingegen sei mit einer Mischung angefüllt und enthalte daher weniger Essig als der erste Öl enthalten habe. Deshalb sollte mehr Öl im Essig sein als Essig im Öl. Die Logik scheint unangreifbar, aber die Wahrnehmung ist fehlerhaft.

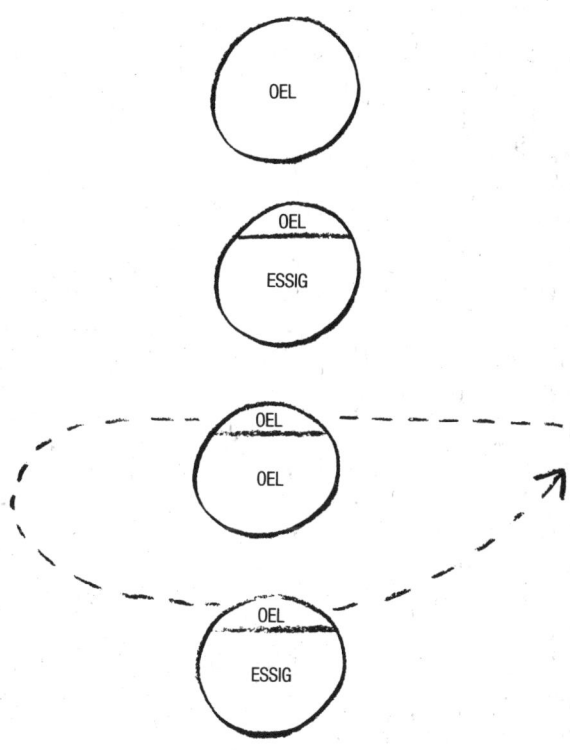

Diese Zeichnung stellt eine andere Betrachtungsweise dar. Die beiden Löffel fassen die gleiche Menge. Der erste Löffel enthält reines Öl, der zweite eine Mischung, was man daran sieht, daß das Öl auf dem Essig schwimmt. Woher kommt diese geringe Menge Öl? Offensichtlich aus dem Essigglas. Aber dieses Glas enthielt anfangs kein Öl. Also muß die winzige Menge Öl eine Rundreise unternommen haben: über den ersten Löffel zurück im zweiten zum Ausgangspunkt. Wir können es also außer acht lassen. Wenn wir nun diese Ölmenge von beiden Löffelinhalten abziehen, müssen wir als Ergebnis die gleiche Menge in jedem Löffel erhalten: im einen Fall ein Quantum Öl und im anderen Fall dasselbe Quantum Essig. Also muß die Austauschmenge Öl und Essig gleich sein. Es ist völlig unwichtig, wieviel Öl zurückkommt. Tatsächlich ist es sogar unwichtig, ob das Öl im Essigglas durch Rühren verteilt wurde.

Wenn Sie bei der Zahl eins beginnen und jeweils die nächste ungerade Zahl dazuaddieren, werden Sie stets eine Quadratzahl erhalten:

$$1 + 3 = 4 = 2^2$$
$$1 + 3 + 5 = 9 = 3^2$$
$$1 + 3 + 5 + 7 = 16 = 4^2$$

Wie können Sie nachweisen, daß dies die Regel ist? Es gibt viele Annäherungsmöglichkeiten an dieses Problem. Die nachfolgende Abbildung zeigt eine besonders einfache Form.

Die Zahlen werden als aufeinander gestapelte Schachteln gesehen. Würden wir alle Zahlen zusammenrechnen, erhielten wir 1 + 3 + 5 + 7 ... Würden wir den Stapel erhöhen, würden wir tatsächlich die nächste ungerade Zahl hinzuaddieren. Nun müssen wir lediglich ein Stück des Stapels abschneiden und nachweisen, wie es sich an die andere Seite anfügt: Wir erhalten ein Quadrat. Und dies ist stets der Fall, ganz egal, wie hoch der Stapel auch sein mag.

Beide aufgezeigten Beispiele dienen dazu, den Unterschied zwischen Wahrnehmung und Verarbeitung aufzuzeigen. Wahrnehmung meint, wie wir gewisse Dinge im ersten Augenblick betrachten, verarbeiten, was wir mit dieser Wahrnehmung machen.

Die Straße überqueren

Die nächste Zeichnung zeigt ein n-Fakultät-Raster. Startet man in einem beliebigen Quadrat und wandert dann zu einem anderen Quadrat und dann zu irgendeinem weiteren (und fährt so fort, bis alle Quadrate einmal aufgesucht wurden), wieviele verschiedene Möglichkeiten haben Sie dann, diese »Reise« durchzuführen? Manche glauben, es gäbe siebenundzwanzig Arten, andere sprechen von mehreren hundert Varianten. Die richtige Antwort – meiner Meinung nach – lautet 362 880. Diese unerwartet große Zahl verdeutlicht ganz einfach die astronomischen Zahlen in der Kombinationsmathematik (die Summe an Möglichkeiten, wie verschiedene Dinge zusammengesetzt werden können).

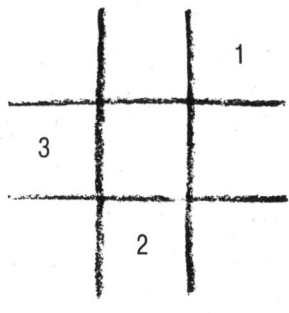

Ich erfand einmal ein Puzzlespiel, das aus sechzehn viereckigen Einzelteilen bestand. Aufgabe war, diese sechzehn Einzelteile so anzuordnen, daß sie ein Viereck von einer ganz bestimmten Form bildeten. Ihr Umriß wurde aber erst erkennbar, nachdem alle Einzelteile richtig plaziert waren. Es gab also keine Möglichkeit festzustellen, welches Stück wo anzulegen war. Jedes kleine Viereck hatte zwei Seiten, eine Vorder- und eine Rückseite. Mit diesem einfachen Puzzle mit seinen sechzehn Einzelteilen würde es viele Jahrmillionen dauern, alle möglichen Kombinationen durchzuprobieren – sogar, wenn man pro Sekunde jeweils ein Puzzleteil bewegen würde, ohne Unterbrechung, Tag und Nacht.

Müßten wir eine Straße nach Analyse sämtlicher uns zur Verfügung stehender Informationen und nach Durchspielen der verschiedenen Möglichkeiten überqueren, würden wir mehr als einen Monat benötigen, um auf die andere Seite zu gelangen.

Wir brauchen dazu jedoch keinen Monat, da unser Verstand nicht so arbeitet. Wir überqueren die Straße in einer angemessenen Zeit, da unser Verstand in »brillanter Weise unkreativ« ist, und das ist sein Vorteil. Wäre dem nicht so, würde er uns nicht allzu viel nützen.

Denkmuster erstellen

Der Verstand ist (bei der Wahrnehmung) hervorragend dazu geeignet, hereinkommende Informationen zu einem Muster anzuordnen – wie die nächste Zeichnung illustriert. Den tatsächlichen Ablauf werden wir gleich sehen.

Sobald ein Muster einmal erstellt ist, muß der Verstand nicht länger Informationen analysieren oder sortieren. Die Information muß lediglich das Muster durchdringen. Dann folgt der Verstand dem Muster ganz automatisch – so wie ein Autofahrer einer ihm wohl bekannten Straße. Jede noch so geringe Bewegung auf dieser Straße wird sofort als entgegenkommendes Fahrzeug eingestuft.

Es gibt noch ein wichtiges Charakteristikum für das Musterfor-

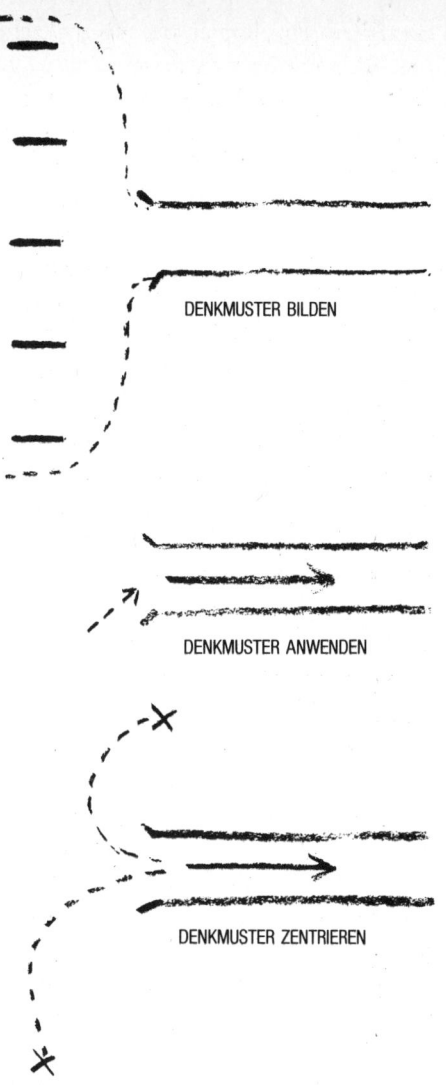

DENKMUSTER BILDEN

DENKMUSTER ANWENDEN

DENKMUSTER ZENTRIEREN

mierungssystem des Verstandes. Alles, was dem festgesetzten Muster nur entfernt gleicht, wird behandelt, als wäre es identisch mit diesem Muster, es sei denn, es gibt konkurrierende Muster. Man kann dies mit einer Wasserscheide vergleichen. Gibt es nur ein Tal, wird das Wasser, auch wenn es ziemlich weit entfernt niederfällt, letztendlich in der Mitte des Tales aufgefangen. Wir können dies als die »Zentrierung von Mustern« bezeichnen, wie die nachfolgende Zeichnung verdeutlicht.

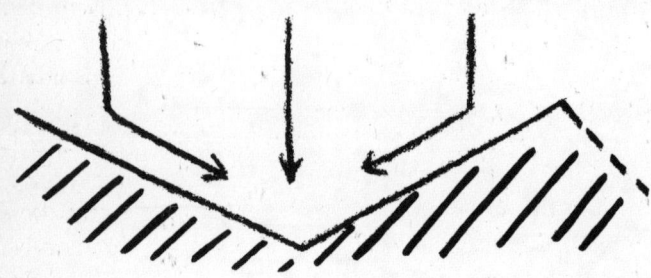

Wie werden Muster gebildet?

Auf der nächsten Zeichnung sehen Sie ein mit Sand gefülltes Tablett. An einer bestimmten Stelle läßt man eine kleine Eisenkugel auf die Sandoberfläche fallen. Der Ball sinkt in den Sand ein und bleibt genau auf der Stelle liegen, auf der er auftraf. Dasselbe geschieht, wenn man an einer gewissen Stelle mit einem Bleistift ein Blatt Papier markiert oder den Magnetismus eines Magnetstreifens verändert. Papier, Magnetband und Sand tragen alle ein passives und genaues Merkmal dessen, was mit ihnen geschah. Alle unsere Informationsaufzeichnungssysteme sind von dieser passiven Art.

Nun haben wir ein Tablett, auf das eine Plastikoberfläche mit einer Vertiefung gesetzt wird. Wieder lassen wir die Eisenkugel – wie bei dem mit Sand gefüllten Tablett – auf die Oberfläche fallen. Diesmal bleibt der Ball nicht dort liegen, wo er auftraf, sondern rollt so lange weiter, bis er die tiefste Stelle des Grabens erreicht. Ganz egal, wo wir den Ball fallen lassen, er wird stets die gleiche Endposition einnehmen. Die Oberfläche »verändert« hier die hereinkommende Information. Und anders als bei der Sandoberfläche bleibt auf der Plastikoberfläche keine genaue Aufzeichnung des Vorgangs zurück. Die hereinkommende Information wird geändert oder »abgebogen«. Hier nun handelt es sich nicht länger um ein passives, sondern um ein aktives Informationssystem.

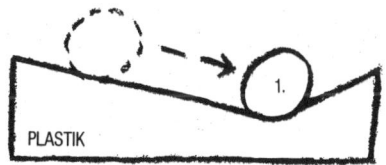

Nun gehen wir zum dritten abgebildeten Tablett über. Dieses enthält eine schwere, zähe Flüssigkeit, die mit einer dicken Haut abgedeckt ist. Man läßt eine Eisenkugel auf die Oberfläche fallen. Sie sinkt langsam ein. Sobald sie zum Stillstand kommt, drückt sie die Abdeckhaut so nach unten, daß ihre Oberfläche der auf dem Plastiktablett ähnelt. Läßt man eine zweite Eisenkugel herunterfallen, so wird sie den Abhang hinunterrollen, bis sie am Ende neben der ersten Kugel ruht. Wie beim Tablett mit der Plastikoberfläche handelt es sich auch hier um ein aktives Informationssystem. Beim

Plastiktablett wurde die Form vorgegeben, bevor die erste Kugel auftraf. Beim Tablett mit der zähen Flüssigkeit ist es die erste Kugel selbst, die die Form schafft. Tatsächlich handelt es sich bei diesem Tablett nur um ein Umfeld, das die hereinkommende Information nicht in ihrer Anordnung beeinflußt.

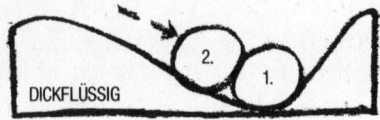

Nun können wir zu einem anderen Modell übergehen. Diesmal bildet ein auf einem Tisch ausgebreitetes Handtuch die passive Oberfläche. Daneben steht ein Tintenfaß. Man nimmt einen Löffel voll Tinte aus dem Glas und schüttet sie an einer bestimmten Stelle auf das Handtuch. Die Tinte hinterläßt dort einen Fleck. Dieser Vorgang wird mehrmals wiederholt, bis nachfolgende Anordnung erreicht ist. Die Handtuchoberfläche entspricht der genau registrierenden passiven Oberfäche des Gedächtnisses.

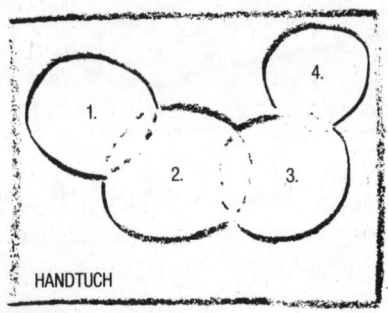

Jetzt verwenden wir statt des Handtuchs eine flache Schüssel mit Gelatine oder Gelee. Das Tintenfaß wird erhitzt. Gibt man nun einen Löffel voll heißer Tinte auf die Gelatineoberfläche, schmilzt diese. Gießt man die abgekühlte Tinte sowie die geschmolzene

Gelatine ab, bleibt auf der Gelatineoberfläche ein schwacher Abdruck zurück. Gibt man nun einen weiteren Löffel Tinte auf dieselbe Stelle – wie vorher beim Handtuch –, so fließt die Tinte in die Vertiefung des Abdrucks und verstärkt ihn dadurch. Gleiches geschieht, gibt man einen dritten und vierten Löffel hinein. Am Ende ist eine Art »Kanal« oder »Spur« in die Gelatineoberfläche eingegraben, wie die nachfolgende Zeichnung deutlich macht. Zwischen der Gelatineoberfläche und dem mit zäher Flüssigkeit gefüllten Tablett besteht große Ähnlichkeit. In beiden Fällen verändert die erste hereinkommende Information die Oberfläche. Diese veränderte Oberfläche beeinträchtigt dann den Weg, über den weitere Information hereingelangt. Das Gelatinemodell ist etwas ausgefeilter, da sich die Information im wesentlichen »selbst zu einem Pfad oder Muster anordnet«.

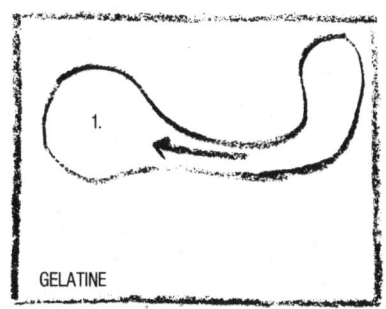

Sobald einmal ein Muster geformt ist, wird jede weitere Information, die das Muster oder den Kanal erreicht, dort »entlangfließen« – jedesmal auf die gleiche Weise – und das Muster noch exakter festlegen.

Das mit zäher Flüssigkeit gefüllte Tablett und die Gelatineschüssel zeigen auf, wie eine gewisse Oberflächenbeschaffenheit ein Umfeld schaffen kann, in dem hereinfließende Information sich selbst zu Mustern anordnet. Das Nervennetzwerk des Verstandes scheint auf ähnliche Weise zu arbeiten. Wie diese untereinander verbundenen Systeme einzelner Nervennetzwerke es ermöglichen, daß sich hereinströmende Information selbst zu Mustern anordnet, ist in einem weiteren meiner Bücher (»The Mechanism of Mind«) detailliert beschrieben. Wer mehr darüber wissen möchte, dem sei dieses Buch empfohlen.

Die soeben aufgeführten Beispiele sollten ausreichen, um zu verstehen, wie sich »aktive« Informationssysteme von unseren normalen »passiven« Systemen unterscheiden, wie diese Systeme es ermöglichen, daß Information sich selbst zu Mustern gruppiert.

Wir können nun alles, was wir über die Erstellung von Mustern wissen, vergessen und sie ganz einfach als Kanäle, Straßen oder Wege behandeln. Begibt man sich einmal an die Startlinie, bewegt man sich in der vorgegebenen Richtung oder »gleitet dahin«, bis man an einem Ende, einem Ziel anlangt.

Der Gebrauch von Mustern

Zweck der Wahrnehmung ist, Denkmuster zu formulieren und diese anzuwenden. Wie bereits früher erwähnt, liegt das Ziel des Denkens darin, das vertraute Muster zu finden und so die Notwendigkeit auszuschalten, weiter zu denken. Wir können diese Verwendung von Mustern unter verschiedenen Aspekten sehen.

Erkennen

Liest man eine schlechte Handschrift, so mag es eine gewisse Zeit dauern, bis man ein Wort entziffert. Plötzlich wird die Handschrift leserlich. Bei gedruckter Schrift erkennen wir die Wörter so schnell, daß wir uns der »Mustererkennung« kaum bewußt werden. Nur wenn Schwierigkeiten auftreten (zum Beispiel beim Identifizieren einer vertrauten Stimme bei einer schlechten Telefonverbindung), werden wir uns des aktiven Erfassungsvorgangs bewußt: das Bemühen, ein Muster zu erkennen.

Erwachsene benötigen oft Stunden oder Tage, um hinter das Geheimnis des Rubik-Würfels zu kommen. Kinder schaffen dies in wenigen Minuten, und der Rekord liegt bei etwa fünfundzwanzig Sekunden. Man hat also nicht allzu viel Zeit zur Problemlösung. Hier wird das Wiedererkennen von Mustern angewandt. Das erneute Auftauchen eines gewissen Musters löst einen Vorgang aus, der wiederum zu einem anderen Muster führt, das einen weiteren Vorgang auslöst und so weiter, bis man schließlich zur Lösung kommt.

Dieses Musterwiedererkennen ist eine wunderbare Eigenschaft des menschlichen Verstands. Nur so können wir Freunde grüßen und Sprachen anwenden. Unser gesamtes bewußtes Leben basiert darauf. Bei der Wahrnehmung zielt das Bemühen völlig darauf ab, vertraute Muster wiederzuerkennen.

Falsche Auffassung

Die nachfolgende Zeichnung zeigt einen Entwurf für einen besonders gestalteten Holzwürfel. Dieser Entwurf wurde einem Schreiner zum Nachbauen in Auftrag gegeben. Die obere und untere Hälfte des Würfels sollten aus zwei verschiedenen Holzarten angefertigt werden. Beide Hälften sollten durch Schwalbenschwanznuten miteinander verbunden werden. Die Zeichnung des Würfels sieht von der Rückseite gesehen genau gleich aus. Die Frage ist nun, ob ein Schreiner tatsächlich in der Lage wäre, den Würfel anzufertigen.

Auf den ersten Blick scheint dies nicht durchführbar. Unserer Vorstellung nach verlaufen die Verbindungslinien wie auf der nächsten Zeichnung dargestellt. Danach wäre es unmöglich, die Einzelteile zusammenzusetzen oder, falls dies tatsächlich irgendwie gelungen wäre, sie wieder zu trennen. Aufgrund dieses Vorstellungsmusters sollten wir den Entwurf zurückweisen.

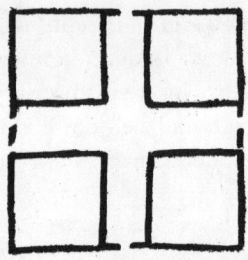

Aber, das Denkmuster ist falsch. Es ist möglich, den Würfel anzufertigen, und es ist auch möglich, die obere Hälfte von der unteren trennbar zu gestalten. Normalerweise geht man davon aus, daß die Verbindungslinien rechtwinklig verlaufen, wie vorher gezeigt. Statt dessen erstrecken sich die Verbindungslinien jedoch in einem schiefen Winkel, wie die nächste Zeichnung verdeutlicht. Dadurch kann der obere Teil des Würfels ganz einfach über die untere Hälfte geschoben und wieder entfernt werden.

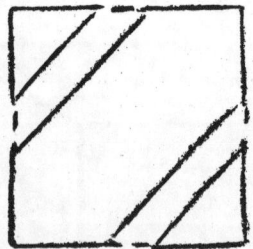

In diesem Fall leitete uns die Fähigkeit, Muster zu erkennen, fehl, und wir verwendeten das falsche Muster. Bei einem Mustererkennungssystem ist es unvermeidbar, von Zeit zu Zeit Irrtümern zu unterliegen und so das falsche Muster zu sehen. Ferner folgt daraus, daß, je weniger Muster wir speichern, wir desto häufiger die falschen verwenden.

Abstraktion

Der Verstand ist sehr gut in der Lage, Muster auf einen Blick, insgesamt zu erkennen, wie zum Beispiel Gesichter, Buchstaben oder Wörter. Er ist auch sehr geschickt darin, versteckte Muster zu abstrahieren oder hervorzuziehen. Wählt man acht zufällige Gegenstände und führt ihre Bezeichnung untereinander als Liste auf, so besteht große Wahrscheinlichkeit, daß ein Beobachter diese zufällig zusammengestellten Wörter in zwei Vierergruppen aufteilen kann. Überprüfen Sie die folgende Liste:

Hund
Schirm
Fisch
Auto
Zahnpasta
Schreibtisch
Hut
Geld

Wieviele Möglichkeiten gibt es, diese Aufstellung in Gruppen von vier zusammengehörenden Wörtern aufzuteilen? Sie können diese Übung mit irgendwelchen wahllos zusammengestellten acht Wörtern durchführen. Sollten Sie diese Übung gemeinsam mit anderen ausprobieren, werden Sie überrascht sein, wie viele verschiedene Muster abstrahiert werden.

Worin begründet sich die Abstrahierung der Denkmuster, ist es das Material oder unsere Betrachtungsweise? – Sie wird durch das Material ausgelöst, verglichen und überprüft, aber dennoch müssen die Muster vorher in unserem Verstand vorhanden sein, bevor wir sie anwenden können.

Zusammenstellen von Gruppen

Gruppen aufzustellen erleichtert das Leben sehr. Statt über jedes einzelne Auto etwas zu lernen, können wir alle Autos zu einer allgemeinen Gruppe zusammenfassen und sie je nach Bedarf (beispielsweise beim Überqueren einer Straße) als gleichartig behandeln. Durch Gruppieren und Klassifizieren können wir über Dinge Voraussagen machen. Wir identifizieren etwas als zu einer Gruppe gehörig (ein Auto gehört so zur Gruppe der »Fahrzeuge«), danach erst folgern wir, daß der Gegenstand die Eigenschaften der Gruppe aufweist (daß das Fahrzeug ein Lenkrad besitzt). Dies bildete die Grundlage der klassischen Philosophie. Was wir damit eigentlich ausdrücken wollen, ist, daß wir davon ausgehen, daß gewisse Eigenschaften gleichzeitig zutreffen, so daß wir die restlichen Merkmale durch bereits festgelegte Muster vorhersagen können, wenn wir einige davon erkennen.

»Sture« Menschen neigen dazu, Dinge zu Gruppen zusammenzufassen, indem sie ihr Augenmerk lediglich auf gemeinsame Merkmale richten. Haarspalterei hingegen betreibt, wer die Dinge völlig trennt, indem er nur auf Unterschiedlichkeit achtet. Die Wissenschaft basiert auf einer wohl ausgewogenen Mischung von Sturheit und Haarspalterei.

Analyse

Eigentlich gibt es zwei Arten von Analyse. Bei der einen bemühen wir uns, eine komplexe Situation auseinanderzunehmen und sie in vertraute und erkennbare Muster aufzulösen. Wir nehmen an, daß die einzelnen Elemente tatsächlich zusammengefügt wurden, um eine Situation zu schaffen: Sie sind Bestandteile. Die zweite Art Analyse gleicht eher einer Erklärung. Wir halten Ausschau nach den vertrauten Mustern, die wir in einer gegebenen Situation erkennen können, aber wir gehen niemals davon aus, daß sie tatsächlich Einzelteile der Situation darstellen könnten. Die letztgenannte Möglichkeit kommt der Abstraktion sehr nahe.

Schon lange, bevor sich die Wissenschaft im Westen entwickelt hatte, war die der Chinesen weit fortgeschritten. Dann machten sich die Theoretiker an die Arbeit und schufen alle möglichen Arten von Erklärungen: Schichten verschiedener Luft- und Erdgeister, die den verschiedenartigen Verlauf der Dinge lenkten. Die Wissenschaft starb auf diese Weise. So funktionierte die erklärende Art einer Analyse. Die westliche Wissenschaft versuchte, die Richtung der »Bestandteilanalyse« einzuschlagen und vermied Kobold- und Geistertheorie. Das Dilemma hierbei ist jedoch, daß zu viele Vorstellungen zu einem Thema unweigerlich zum Stillstand führen (da alles möglich ist) und zu wenige Gedanken ebenfalls (erst die Vorstellungskraft erbringt den Beweis).

Bewußtsein

Wir müssen uns bewußt sein, wie wichtig die Wahrnehmungsfähigkeit für unser Denken ist.

Wir müssen uns darüber im klaren sein, daß bei der Wahrnehmung der Verstand als selbstorganisiertes Informationssystem (aktives System) arbeitet und er so ermöglicht, daß Information und Erfahrung sich selbst zu Mustern anordnen. Dieses herausragende System gibt uns die Möglichkeit, die Welt zu begreifen. Gäbe es dieses System nicht, wäre ein Leben unmöglich.

Wir müssen uns darüber im klaren sein, daß es Zweck des Denkens ist, nach diesen vertrauten Mustern zu suchen und, sobald wir uns entsprechend verhalten, zu denken aufhören.

Wir müssen uns ganz besonders darüber im klaren sein, daß das Repertoire an Mustern, das wir in unserem Verstand speichern, über unsere Erkenntnis, unsere Abstraktion, unsere Klassifikation, unsere Analyse und unser gesamtes Denken bestimmt.

Kunst

Kunst hat auch das Ziel, unseren Verstand mit einem zusätzlichen Vorrat an Denkmustern auszustatten. Sie faßt Erfahrungsmuster zusammen, so daß wir sie annehmen, ohne sie vorher durchlebt zu haben, und sie durch einen langsamen Induktionsprozeß erlernen. Die Kunst kann uns auch ein Erfahrungsspektrum vermitteln, das wir anderweitig nicht kennenlernen würden. Auf gewisse Weise fungiert Kunst als beschleunigt laufender Lebensmotor.

Übung

Eine recht nützliche Angewohnheit ist, von etwas Abstand zu gewinnen und dann zu versuchen, die Muster herauszufinden, die in gewissen Situationen funktionieren könnten. So wird bei vielen Formen der Psychotherapie noch immer das Freud'sche Muster angewandt: Graben Sie nur recht tief, und Sie werden auf all die Erläuterungen des Unbewußten für Gefühle und Verhalten stoßen. Im Bildungs- und Erziehungswesen denkt man nach dem Muster, es sei ausreichend, Wissen zu vermitteln, und es ist dann dem Verstand des einzelnen überlassen, wie er mit diesen Informationen umgeht. In der Politik ist es das gegnerische System, wobei die sich gegenüberstehenden Parteien den Anspruch auf Richtigkeit ihrer Ideologien erheben und den Freibrief der Wähler anstreben, um diese Ideologien jedem aufzudrängen.

Versuchen Sie zur Übung, jene Grundmuster herauszufinden, die auf folgenden Gebieten vorherrschen: Fernsehwerbung, industrielle Beziehungen, Zeitungen, Ferienreisen, Hauskauf sowie das Tragen von Jeans.

5. Laterales Denken

Es gibt zwei Arten von Fortschritt. Der eine ist schnell, der andere sehr langsam.

Die nachstehende Zeichnung zeigt die erstgenannte Fortschrittskategorie. Wir bewegen uns vorwärts, und ein technischer Input oder eine Idee ermöglichen es uns, schneller voranzukommen. Ein weiterer Input beschleunigt unseren Fortschritt noch mehr – und so weiter. Heute leben unter uns Menschen, die geboren wurden, bevor das erste Flugzeug flog. Vor einiger Zeit, während eines Flugs über den Atlantik, dachte ich darüber nach, daß der Löffel mit Kartoffelbrei, den ich gerade zum Mund führen wollte, sich tatsächlich schneller vorwärts bewegte als eine Gewehrkugel. Dasselbe galt für die übrigen Passagiere an Bord der Concorde: ein außergewöhnlicher Fortschritt innerhalb sehr kurzer Zeit.

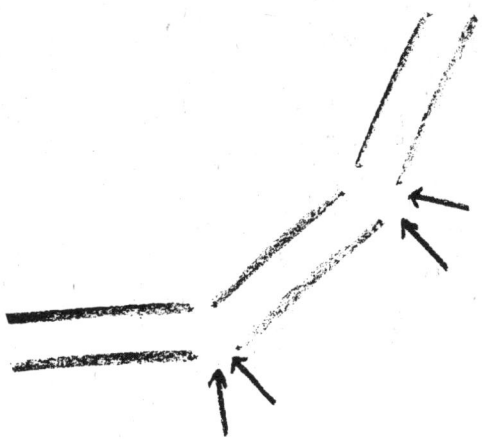

Heute können wir uns für etwa fünfzehntausend Mark einen Computer auf den Schreibtisch stellen, der mehr Kapazität besitzt als der erste Computer, der etwa fünfzehn Millionen Mark (umgerechnet auf den derzeitigen Geldwert) kostete und drei Räume ausfüllte. Tatsächlich können wir einen recht ordentlichen Personalcomputer für bloße vierhundert Mark erwerben. Auch dies ist ein erstaunlicher Fortschritt.

Und dann gibt es da die andere Art Fortschritt. Unsere Erfahrung bildet gewisse Vorstellungen, Muster und Anordnungen. Wir folgen diesen Mustern. Um vorwärts zu kommen, müssen wir möglicherweise einige Schritte zurückgehen und zu einem anderen Denkmuster überwechseln, das den gegebenen Bedingungen mehr entspricht. Wir besitzen jedoch keine Mechanismen, die dieses Zurückgehen oder Überwechseln auf andere Denkmuster auslösen. Auf diese Weise vollzieht sich Fortschritt nur äußerst langsam. Wir finden diese Art Fortschritt im gesellschaftlichen Bereich im Gegensatz zum technischen. Keiner ist dafür verantwortlich, keiner ist schuld daran. Es liegt ganz einfach daran, daß unser Verstand so arbeitet, daß Organisationen so arbeiten. Hier geht es um ein Zusammenfassen der Vergangenheit und nicht um Entwürfe für die Zukunft. Die nächste Zeichnung stellt diese langsamere Art des Fortschritts dar.

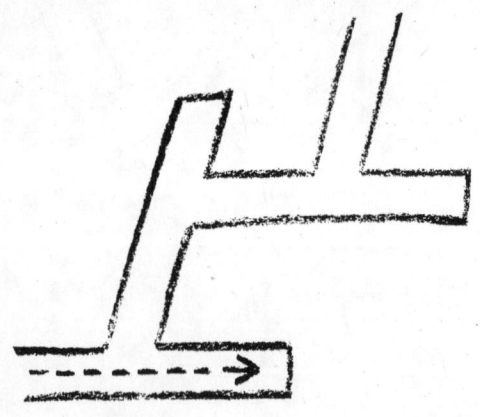

Denkmuster wechseln

Wir kennen nun das System, wie unser Gehirn Denkmuster aufstellt und einsetzt. Dadurch können wir unsere Umgebung begreifen und in ihr leben. Ohne dieses System wären wir nicht lebensfä-
hig. Unser Gehirn ist hauptsächlich darum bemüht, auf bemerkens-
werte Weise unkreativ zu sein. Und das ist nur recht. Aber von Zeit
zu Zeit ist es erforderlich, von einem Denkmuster zu einem anderen überzuwechseln. Dies ist reichlich schwierig für uns: Politisch
gesehen verfügen wir über ein außerordentlich nutzloses und
ineffizientes »Konfliktsystem«. Auch in der Forschung und beim
Denken neigen wir stets dazu, diese Methode anzuwenden – wir
kennen keine bessere.

Die meisten Entdeckungen in der Medizin beruhen auf zufälliger
Beobachtung, glücklichen Umständen oder einem Fehler. Dies
sollte kaum verwundern, da systematisches Suchen in einem so
komplizierten System wie dem menschlichen Körper nicht möglich
ist. Sobald einmal der »Durchbruch« erfolgt ist, kann die wissen-
schaftliche Methodik mit ihrer Analyse und Entwicklung einsetzen.

Für den Verstand bedeutet dies, daß die auslösenden Mechanismen für einen Musterwechsel Fehler, Zufall und Humor sind.
Weitere Mechanismen sind schwer vorstellbar. Eine Arbeit im
Rahmen bereits vorhandener Denkmuster wird selbst nicht zu
neuen Mustern führen.

Humor

Ich wunderte mich stets, wie wenig Aufmerksamkeit doch Philosophen, Psychologen und Informationstheoretiker dem Humor
schenken. Dabei ist er wahrscheinlich die wichtigste Eigenheit des
menschlichen Verstands. Er läßt uns viel mehr als alles andere
etwas darüber erfahren, wie das System funktioniert. Die Vernunft
sagt nicht allzu viel aus, und wir können Logiksysteme mit Kiesel-
steinchen, Abakuskugeln, Zahnrädern oder der Elektronik erden-

ken. Humor hingegen ist ein in sich geschlossenes Mustersystem der Art, die die menschliche Wahrnehmung ausmacht.

Humor beinhaltet das Verlassen eines Musters und das Überwechseln in ein anderes Muster.

Die folgende Zeichnung zeigt eine Hauptstraße oder ein Denkmuster sowie eine Nebenstraße. Kennzeichnend für Mustersysteme ist, daß wir, zumindest für Augenblicke, keinerlei Zugang zur Seitenstraße finden, wenn wir stur auf der Hauptstraße vorwärtsgehen (die Erklärung hierzu können Sie in meinem Buch »The Mechanism of Mind« nachlesen). Also eilen wir auf der Hauptstraße weiter und übersehen die Seitenpfade.

Bei humoristischen Wortspielen zwingt uns die zweifache Bedeutung eines Wortes oder Satzes wie eine Weiche dazu, die Seitenstraße zu betreten.

Überdenken Sie den doppelten Sinn des nächsten Satzes, der einer Bekanntschaftsanzeige entnommen ist: »Welche Frau ist bereit, meinem einsamen Leben ein Ende zu machen?«

Der andere Humor-Mechanismus ist in der nächsten Zeichnung dargestellt. Dieser Mechanismus führt uns zu einem offensichtlich unverständlichen Punkt und plötzlich erkennen wir den Ausweg zurück. Ein Beispiel hierzu:

»Der Fahrkartenkontrolleur betrat das Zugabteil. Der junge Mann begann fieberhaft, nach seinem Billet zu suchen: Jackentaschen, Hosentaschen, Gesäßtasche, Manteltaschen, Brieftasche. Nach einer Weile erfaßte den Kontrolleur Mitleid, und er griff nach der Fahrkarte, die der Fahrgast die ganze Zeit über zwischen den Zähnen festgehalten hatte. Nachdem der Schaffner das Abteil verlassen hatte, fragte ihn ein Mitreisender, ob er sich nicht dumm vorgekommen sei. »Ganz im Gegenteil«, erwiderte der junge Mann, »ich hatte mittlerweile den Fahrschein an einer bestimmten Stelle, an der das Ausstellungsdatum aufgedruckt war, so zerkaut, daß es unleserlich geworden war.«

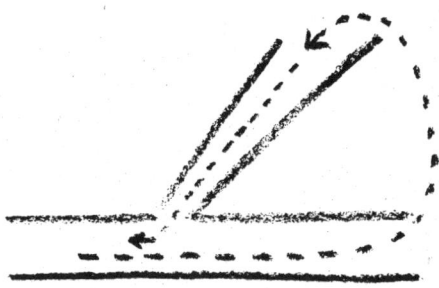

Nachträgliche Einsicht

Das Überwechseln von einem Muster zum anderen, wie wir es beim Humor beobachten können, ist vergleichbar mit der Einsicht im nachhinein. Wir schalten auf ein neues Muster um und erkennen plötzlich Vernünftiges und Offensichtliches. Jegliche kreative Idee muß im nachhinein der Prüfung auf Logik standhalten können – ansonsten könnten wir sie nicht als wertvoll akzeptieren. Der Fehler, der uns dabei unterläuft, ist, nach Überprüfung auf Logik davon auszugehen, daß uns eine besser angewandte Logik von Anfang an dorthin geführt hätte. Dieser Fehler unterläuft jedoch nur Menschen, die das Wesen von Denkmustersystemen nicht verstehen. Diese Systeme sind notwendigerweise asymmetrisch, sonst wären sie nämlich ziemlich nutzlos. Auf der hier gezeigten Darstellung unterscheidet sich der Weg von A nach B sehr vom Weg von B nach A.

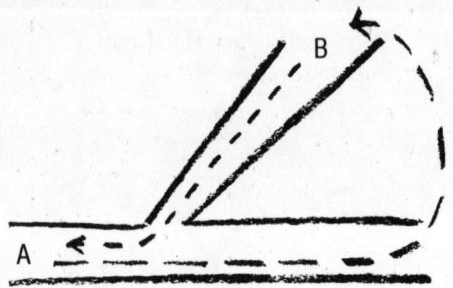

Ziel des lateralen Denkens ist, uns den Wechsel zwischen den Denkmustern zu erleichtern und nicht auf Fehlschlüsse hereinfallen oder dem Zufall zu vertrauen. Laterales Denken versucht, von vornherein den Musterwechsel zu ermöglichen, wie er bei der Einsicht im nachhinein erfolgt.

Kreativität und laterales Denken

Ich wurde schon oft gefragt, warum ich den Begriff »laterales Denken« schuf, wo doch das Wort »Kreativität« recht angemessen erscheint. Meine Antwort darauf lautet, daß »Kreativität« bei weitem nicht dem »lateralen Denken« entspricht und in keiner Weise wiedergibt, was ich mit »lateralem Denken« meine. Vielleicht ist dies der Grund, warum »laterales Denken« als Begriff in das Oxford English Dictionary aufgenommen wurde.

Ein schöpferischer Mensch kann möglicherweise die Welt mit völlig anderen Augen betrachten als andere. Die folgende Zeichnung soll dies verdeutlichen.

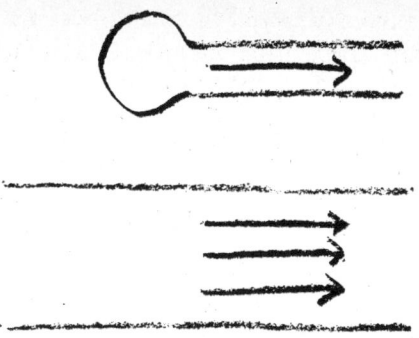

Gelingt es dem kreativen Menschen, seine ganz spezielle Art der Wahrnehmung auszudrücken und anderen zu vermitteln, so bezeichnen wir ihn als schöpferisch und schätzen seinen Beitrag, der manche von uns die Welt aus einem neuen Blickwinkel sehen läßt. Wir anerkennen die Kreativität. Aber der kreative Mensch kann auch ein Gefangener dieser speziellen Fähigkeit sein, weil er unfähig ist, sie zu verändern oder die Welt auf andere Weise zu betrachten. Daraus ergibt sich, daß viele kreative Menschen zugleich »starr und unbeweglich« sind. Dies mindert ihren Wert für die Gesellschaft nicht und beeinträchtigt auch nicht ihre schöpferische Fähigkeit innerhalb ihrer speziellen Wahrnehmung. Beim »lateralen Denken« interessiert mich jedoch die Fähigkeit, die Wahrnehmung zu verändern, und zwar nicht nur ein einziges Mal, sondern als ständigen Vorgang. Menschen mit diesen Eigenschaften sind offensichtlich schöpferisch, aber keine lateralen Denker. Dennoch, manche kreativen Menschen besitzen beide Eigenschaften.

Das gleiche gilt für Kinder. Stellt man einem Neunjährigen ein Problem, so wird er möglicherweise eine sehr originelle Lösung finden, da er noch nicht auf dem üblichen Gleis festgefahren ist. Deshalb ist seine Lösung des Problems kreativ und originell. Aber dasselbe Kind mag sich vielleicht sträuben und unfähig sein, eine weitere Möglichkeit herauszufinden. Es ist also schöpferisch und originell und zugleich starr.

Laterales Denken läßt sich sehr genau definieren als »das Überwechseln von einem Denkmuster zu einem anderen innerhalb
eines Mustersystems«. Die Natur eines solchen Systems zu erklären
würde sehr viel Zeit beanspruchen. Wir können es aber kurz zusammenfassen als die Möglichkeit, Dinge auf verschiedene Weise zu
betrachten.

Die Großmutter strickt, und die kleine Susi stört sie dabei, indem
sie mit dem Wollknäuel spielt. Der Vater schlägt vor, Susi in den
Laufstall zu setzen. Die Mutter hingegen meint, es sei vernünftiger,
die Großmutter dort hineinzusetzen – eine andere Art, die Situation zu sehen, die jedoch im nachhinein als völlig logisch erscheint.

Laterales Denken als Prozeß

Das Wort »Kreativität« bereitet unter anderem Schwierigkeiten,
weil es ein Werturteil beinhaltet. Noch nie bezeichnete jemand
eine neue Idee, die er nicht selbst für gut befand, als »kreativ«.
Laterales Denken ist ein neutraler Vorgang.

Manchmal wenden wir es an und erreichen gar nichts dabei.
Manchmal hingegen gelangen wir dadurch zu einer guten Idee, die
aber in nichts den bereits vorhandenen Gedanken übertrifft. Gelegentlich finden wir dadurch zu einer neuen Idee, die sehr viel besser
als die schon existierende ist. In allen drei Fällen setzen wir laterales
Denken ein.

Intelligente Menschen neigen häufig zu konformistischem
Verhalten. Sie erlernen die Spielregeln und wenden sie an, um ein
bequemes Leben sicherzustellen. In der Schule lernen sie die
Methode: Wie gefalle ich dem Lehrer, wie bestehe ich mit geringst-
möglichem Aufwand die Prüfungen, wie komme ich mit den
Menschen gut aus? Kreativität ist eher eine Sache für Rebellen, die
die Regeln aus einer Vielzahl von Gründen nicht befolgen können
oder wollen. Das Paradoxe daran ist, daß, wenn wir Kreativität
(durch laterales Denken) als völlig normalen Bestandteil der Infor-
mationsverarbeitung betrachten, wir dann zu dem seltsamen Schluß

gelangen, daß Konformisten kreativer sind als Rebellen – schließlich beherrschen die Konformisten auch die Spielregeln der Kreativität besser. Sobald Kreativität nicht länger ein Risiko darstellt, werden sich vielleicht auch kleinmütige Menschen zur Kreativität durchringen können.

Laterales Denken ist sowohl eine Geisteshaltung wie auch eine Anzahl genau festgelegter Methoden. Bei der Geisteshaltung spielen die Bereitschaft und der Versuch, die Dinge aus verschiedenen Blickwinkeln zu betrachten, eine wichtige Rolle. Dazu gehört auch die Erkenntnis, daß jegliche Art, etwas zu sehen, nur eine von vielen Möglichkeiten darstellt, ferner ist Verständnis dafür erforderlich, wie der Verstand Denkmuster anwendet, und daß er ein etabliertes Muster aufgeben muß, um auf ein besseres überzuwechseln.

Urteil und Provokation

In meinen Seminaren verwende ich häufig die unten abgebildete Zeichnung eines etwas seltsamen Schubkarrens. Ich fordere meine Zuhörer auf, unabhängig voneinander fünf Kommentare zum Entwurf niederzuschreiben. Die Bemerkungen enthalten stets die gleiche Kritik: Das Rad ist an der falschen Stelle angebracht; die Radaufhängung wird abbrechen; das Rad ist zu klein; der Schubkarren wird aus dem Gleichgewicht geraten und umstürzen; die Griffe

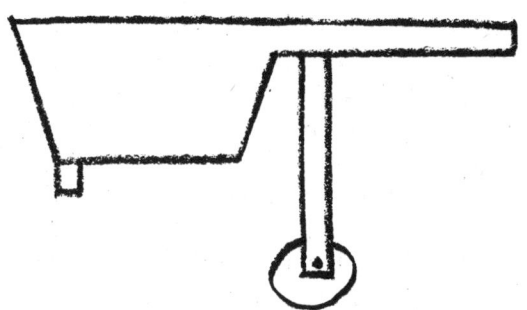

sind zu kurz geraten; es macht mehr Mühe, ihn nach unten zu drücken als ihn nach oben zu stemmen und so weiter.

Bei leitenden Angestellten betrug das Verhältnis der negativen Kommentare zu »interessierten« Anmerkungen 20 : 1, bei einer Gruppe mit einem Intelligenzquotienten über 140 22 : 1, bei einer Gruppe Lehrer 27 : 1, bei einer Gruppe Kinder zwischen zwölf und dreizehn Jahren 2 : 1. Diese niedere Verhältniszahl bei Kindern verdeutlicht zweierlei: Erstens wußten sie noch nicht allzu viel über Schubkarren, Schwerpunkt, Hebelwirkung und dergleichen mehr. Zweitens dachten sie, ich sei zu keinem besseren Schubkarrenentwurf fähig, und sie wollten ja nett zu mir sein. Es wurden jedoch auch zahlreiche verschiedenartige Anmerkungen gemacht, die der Kategorie »interessant« zuzuordnen waren: die Schubkarre sei nützlich, um Erdreich zum Anfüllen von Löchern und Gräben zu transportieren, da man die Karre bis an deren Rand heranschieben könne und sie deshalb beim Leeren nicht umstürzen müsse; sie sei besser für scharfe und enge Kurven wie beispielsweise bei Baugerüsten geeignet, da sie einen kleinen Wendekreis besitze; ein Verheben des Rückgrats ist nicht möglich, da man beim Versuch, mehr als das eigene Körpergewicht zu heben, zu Boden fallen würde; man könnte die Radaufhängungsfedern lackieren – zum Beispiel den oberen Teil dieser Feder rot und den unteren grün – und somit feststellen, wie schwer jemand arbeitet aufgrund der Farbe, die man beim Vorbeigehen des Arbeiters sehen würde.

Die Erwachsenen setzten richtigerweise ihr Urteilsvermögen ein. Damit das Mustersystem funktioniert, müssen wir unsere Urteilsfähigkeit anwenden.

Beim Erkennen und Identifizieren wägen wir ab (wie wir bereits im letzten Kapitel lesen konnten). Wir urteilen, um festzustellen, welches Denkmuster wir nun verwenden. Und wir prüfen auch, um uns von einem Abgleiten von einem bestimmten Muster notfalls zu schützen. Aus diesem Grund basierten alle negativen Beobachtungen der Erwachsenen auf der richtigen Anwendung ihres Urteilsvermögens. Deshalb erzielten auch die Lehrer eine höhere Punktzahl als alle anderen.

Ich glaube fest daran, daß die Menschen ihre Urteilsfähigkeit einsetzen sollten. Ohne sie kann man gar nicht auskommen; ohne sie kann kein Mustersystem arbeiten.

Wir müssen jedoch noch einen weiteren Begriff schaffen, den der »Bewegung«. Sie dient dazu, Kanäle zu überwinden (wie die nächste Zeichnung zeigt). Im Klartext gesprochen heißt dies: Wir wenden unser Urteilsvermögen an, um in vorhandenen Bahnen zu verweilen, wir können jedoch auch »in Bewegung geraten«, wollen wir ein Muster wechseln. Denken Sie bloß an die verschiedenen Gänge in einem Auto. Sie legen einen Gang ein, um den Wagen zu starten, einen anderen, um vorwärts zu fahren, wieder einen anderen, um rückwärts zu fahren. Beim Denken sollten wir fähig sein, je nach Wunsch und Bedarf Urteilskraft und Bewegung einzusetzen. Um nichts mehr geht es bei der »Denkfertigkeit«.

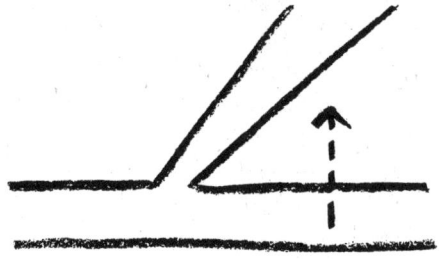

Die nächste Zeichnung verdeutlich, wie »Bewegung« zu verstehen ist.

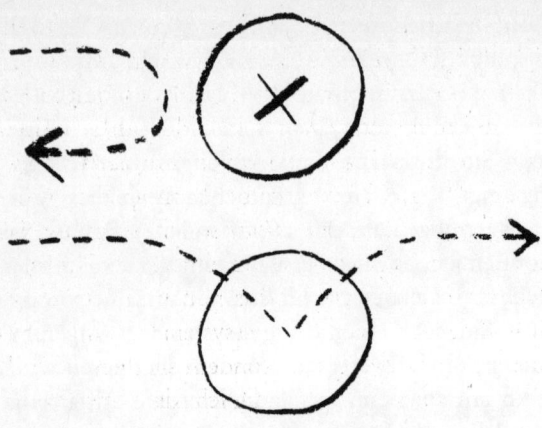

Unter dem Begriff »Urteil« verstehen wir, daß wir eine Idee, die falsch ist, verurteilen und davon Abstand nehmen. Beim Begriff »Bewegung« verwenden wir diese Idee aufgrund ihres »Bewegungswerts«, das heißt, wir benützen sie als Sprungbrett, um so zu einem anderen Denkmuster zu gelangen, um herauszufinden, wohin der Gedanke führt, was er andeutet. Das bedeutet jedoch *nicht*, daß wir eine schlechte Idee wie eine gute Idee behandeln. Wir bewegen uns vielmehr außerhalb unseres Beurteilungssystems und wollen die Idee, egal, ob sie nun gut oder schlecht ist, aufgrund ihres Bewegungswerts verwenden. Der Bewegungswert bedeutet »Provokation«.

Das Wort »po«

Ich erfand dieses Wort bereits vor vielen Jahren. Ich leitete es von Wörtern wie Hy*po*these (Annahme), Sup*po*sition (Voraussetzung), *Po*ssibilität (Möglichkeit) und *Po*esie (Stimmung) ab. All diese Wörter beinhalten die Silbe »po«, und sie beschreiben alle das Vorwärtsstreben eines Gedankens: Wohin führt diese Idee? In allen hier aufgezählten Fällen wird die Idee ausgebreitet, damit wir ihre

Wirkung auf unser Denken feststellen können. Sie stellen eher provokative als beschreibende Situationen dar. Das Wort »po« ist sehr direkt und bewußt provokativ und daher kraftvoller als alle zusammen. So sollte beispielsweise eine Hypothese rational nachvollziehbar sein; eine »po«-Provokation hingegen kann bewußt unlogisch sein. Der Einfachheit halber kann »po« als provokativer Vorgang (engl. *provocative operation*) zusammengefaßt werden.

Warum benötigen wir »po«? Ganz einfach als Hinweis für uns selbst sowie für andere, daß wir uns nun im »Bewegungssystem« und nicht länger im »Beurteilungssystem« befinden. Dahinter verbirgt sich keine Zauberformel, sondern sie dient – wie bei jeder anderen Bezeichnung auch – lediglich der einfacheren Handhabung.

»Po« ist nicht dasselbe wie »vielleicht« oder das japanische »mu«. Es dient nicht dazu, ein Urteil zu unterdrücken oder auszusetzen. Hier geht es darum, sich *außerhalb* des Urteilsystems zu bewegen.

Die beste Definition für Provokation lautet: »Es mag so lange keinerlei Anlaß gegeben sein, etwas zu sagen, solange es nicht ausgesprochen wurde.«

Die Sprungbrettmethode

Die nächste Zeichnung verdeutlicht, wie wir den Bewegungswert eines Sprungbretts einsetzen, um den Wechsel von einem Muster zum nächsten leichter zu gestalten.

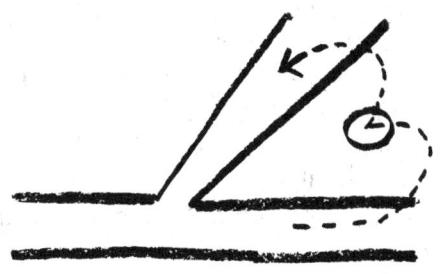

Einmal stellten wir Überlegungen an zum Problem parkender Verkehrsteilnehmer in einer Kleinstadt, in der die Berufspendler gewöhnlich im Zentrum parkten und so die Parkplätze blockierten, die eigentlich für diejenigen Besucher vorgesehen waren, die zum Einkaufen in die Stadt fuhren. Parkuhren wären möglicherweise eine Lösung gewesen. Wir suchten jedoch nach einer einfacheren Möglichkeit. Die provozierende Behauptung lautete: »Po-Autos würden ihre Parkdauer beschränken.« Daraus entwickelte sich die Vorstellung, jeder könne überall bei uneingeschränkter Parkdauer sein Auto abstellen – vorausgesetzt, die Frontlichter sind eingeschaltet. Dies würde die Parkdauer von selbst begrenzen. Auf gewisse Weise könnte diese Vorstellung auch auf Städte mit Parkuhren übertragen werden. Die eingeschalteten Frontlichter würden auf eine Haltezeit von nur wenigen Minuten hinweisen, und es wäre keine Parkgebühr zu entrichten. Dadurch wäre ein größerer Wechsel an den Parkuhren gewährleistet.

Ein anderes Mal wurde das Problem der Flußwasserverschmutzung durch die Fabriken am Ufer als Thema gestellt. Die Verschmutzung des Flusses nahm zu, je weiter flußabwärts man sich befand. Diesmal lautete die provozierende Behauptung: »Die Po-Fabrik sollte von ihrem Standpunkt aus gesehen flußabwärts liegen.« Auf den ersten Blick erscheint diese Forderung als unlogisch. Dennoch brachte der darin enthaltene »Bewegungswert« sehr schnell einen Gedanken hervor, der in einigen Ländern (so erzählte man mir wenigstens) bereits zur Auflage gemacht wurde. Normalerweise befinden sich die Fabrikanlagen oberhalb der Stelle des Flusses, an der sie die Abwässer einleiten. Die provozierende Behauptung führt direkt zu dem Vorschlag, die gesetzlichen Bestimmungen sollten vorsehen, die Fabrikanlage unterhalb der Abwassereinleitung in den Fluß zu errichten, so daß die Fabrik als erste unter ihrer mangelnden Schadstoffbereinigung leiden würde.

Während eines Seminars stellte ich einmal eine absurde provozierende Behauptung auf: »Po-Flugzeuge sollten umgekehrt, das heißt auf dem Rücken landen.« Dieses Beispiel zeigt die einfachste Form bewußter Provokation: die Umkehrung. Sie kehren die Art, wie etwas normalerweise durchgeführt wird, in ihr Gegenteil und schaffen somit eine Provokation. Andere Methoden, eine derartige Herausforderung zu erreichen, sind Übertreibung, Entstellung, Wunschdenken (wie die genannten Beispiele des Parkproblems oder der Flußwasserverschmutzung) und Übermaß. Wer sich eingehender über die Techniken des lateralen Denkens informieren will, sollte mein Buch »Lateral Thinking: a Textbook of Creativity« (Laterales Denken) lesen. Die provozierende Forderung, Flugzeuge sollten auf dem Rücken landen, führte zu der Überlegung, daß der Pilot auf diese Weise eine erheblich bessere Sicht habe. Dies wiederum warf die Frage auf, wo der Sitz des Piloten sich überhaupt befinden solle. Waren eine an höchster Stelle des Flugzeugs eingebaute Pilotenkanzel oder die traditionelle Anordnung der beste Standort (diese Frage stammt aus einer Zeit, als die Flugzeuge noch sehr viel kleiner gebaut waren)?

Die provozierende Forderung, »Po-Autos sollten rechteckige Räder haben«, führte zu etwa zwölf verschiedenen Gedankenbahnen über Autos und Räder, von denen ich einige Vorschläge hier aufzählen will:

- ein inneres Rad mit normalem Luftdruck soll ein äußeres Rad mit geringerem Luftdruck zur Verbesserung der Bodenhaftung ergänzen;
- ein eckiges Rad sollte mit einem Schraubenbolzen am normalen Rad befestigt werden können; dies wäre vorteilhaft bei Schnee, Schlamm oder Sand;
- Entwicklung eines Fahrzeugs, das über Schlaglöcher hinweggleitet (statt hindurchzuholpern) mit Hilfe einer justierbaren Übersetzung und eines frontal angebrachten Antriebsrads;
- die Entwicklung eines Spiralgangs im Falle von Aquaplaning;
- spezielle »Bremsräder« für schwere Fahrzeuge, die nur in Notfällen per Hydraulik auf die Straße gesenkt werden;
- gesonderte Radformen für Fahren und Ziehen;
- Autos könnten so konstruiert sein, daß sie beim Parken in einer halb senkrechten Stellung einrasten, um so eine bessere Parkflächennutzung zu gestatten;

- Räder könnten in einzelne Segmente unterteilt werden, um die Gefahren im Falle von Plattfuß zu verringern und auszugleichen;
- je nach Luftmenge könnte die Reifenform veränderbar – rund oder eckig – sein;

und so weiter.

Ich möchte Sie an dieser Stelle bitten, diese Liste fortzusetzen.

Provokative Behauptungen können entweder auf diese vorsätzliche Weise aufgestellt werden oder im Laufe eines Denkprozesses oder eines Gesprächs auftauchen. Eine Idee, die man anfangs von sich weist, kann man vorübergehend als Provokation heranziehen. Im Denken beweglich zu sein ist genauso wichtig wie Urteilsfähigkeit.

Bewegung wird durch eine Vielzahl von Möglichkeiten erzeugt: indem man das grundlegende Prinzip einer Idee herauslöst; indem man sich ständig ändernde Resultate aufmerksam verfolgt; indem man den Unterschied im Vergleich zum Normalen beachtet; indem man die positiven Aspekte hervorhebt.

Die Fluchtmethode

Auf der nächsten Zeichnung geht es darum, den Hauptverlauf unseres Denkens herauszufinden, um sich dann von diesem Pfad loszulösen.

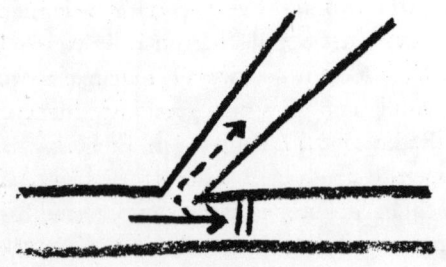

In der Praxis ist es äußerst schwierig, Dinge zu erkennen, die wir in einer gewissen Situation voraussetzen. Um einen anderen Weg beschreiten zu können, versuchen wir, einen gewissen Grundzug außer acht zu lassen oder ihn zu ändern oder nach einer alternativen Möglichkeit zu suchen, um dasselbe Ziel zu erreichen.

Das Wort »voraussetzen« ist ein Hinweis auf unser normales Denkmuster. Denken wir beispielsweise an öffentliche Telefonzellen, »setzen wir voraus«, daß deren Benützungsgebühren alle gleich sind. Ein Abweichen von diesem Muster könnte uns vermuten lassen, es gäbe neben einer Reihe anderer Telefone auch ein teureres. Natürlich wäre dieser Apparat nicht so häufig belegt, so daß jemand, der dringend telefonieren muß, mit größerer Wahrscheinlichkeit einen unbesetzten Apparat finden wird – und gerne bereit ist, einen höheren Preis dafür zu zahlen. Wir setzen auch voraus, daß in jeder Telefonzelle ein Apparat vorhanden ist. Nehmen wir einmal an, wir würden dort zwei Telefone installieren: Was wäre an dieser Idee bemerkenswert oder gut? Sollte ein Telefon nicht funktionieren, könnte man das andere benützen? Man könnte telefonieren und gleichzeitig auf einen Rückruf am anderen Apparat warten. Zu besonders geschäftigen Zeiten, vorausgesetzt jedoch, das Telefonkabel wäre lang genug, könnten zwei Personen gleichzeitig die Telefone benützen.

In London gibt es relativ wenige Taxis (etwa 11 000 verglichen mit 15 000 in Moskau und 30 000 in New York). Um eine Taxilizenz zu erhalten, muß der Fahrer eine Prüfung ablegen, in der er detaillierte Kenntnisse über das Straßennetz, über Botschaften oder Hotels nachweisen muß. Man benötigt mehrere Monate, um sich dieses Wissen anzueignen und wird dafür auch nicht bezahlt. Was setzen wir bei Taxifahrern voraus? Daß sie den Weg kennen. Zur Abwechslung stellen wir die »Po«-Frage über einen Taxifahrer, dem die Straßen unbekannt sind. Was würde er tun? Er könnte jemanden fragen. Wen könnte er um Auskunft bitten? Seinen Fahrgast. Hier stehen wir nun am Beginn einer interessanten Vorstellung.

Lassen Sie uns annehmen, es gäbe die üblichen Taxis, genau wie immer. Sie würden von Touristen und anderen Besuchern der Stadt benützt. Zusätzlich gäbe es eine weitere Gruppe Taxis, die sich durch ein großes Fragezeichen auf dem Dach von den normalen unterscheiden als Kennzeichen dafür, daß der Fahrer mit dem Stadtplan nicht vertraut ist. Diese Gruppe wäre den Stadtbewohnern vorbehalten, die aufgrund ihrer Ortskenntnisse dem Fahrer Anweisungen geben könnten. Auf diese Weise könnte der Fahrer Geld verdienen, während er die einzelnen Wege und Straßen kennenlernt (sollte er ohne Fahrgast zurückfahren müssen, könnte er einen Stadtplan benützen oder sich per Telefon nach dem Weg erkundigen). So stünden sowohl sofort wie auch in weiterer Zukunft mehr Taxis zur Verfügung. Stadtbewohner und Fremde sowie Anwärter auf die Taxilizenz würden davon profitieren.

Wir setzen voraus, daß jedes Land nur eine Währung hat. Eine Abweichung von diesem Konzept bietet einige interessante wirtschaftliche Möglichkeiten: beispielsweise zwei Währungen zu schaffen, wobei eine gegen die andere gerechnet würde, um so eine Art internen Goldstandard zu schaffen.

Versuchen Sie als Übung, bei den folgenden Themen Muster herauszufinden, die wir als gegeben betrachten. Versuchen Sie dann, dem Muster zu entkommen. Stellen Sie anschließend fest, welcher Nutzen oder welches Interesse durch Ihr Abweichen vom Muster sich ergibt. Die Vorgaben lauten: Steuerrad eines Autos; Abstimmung bei Wahlen; Veröffentlichung eines Buches; Schecks; eine Bratpfanne; die Lichter einer Verkehrsampel.

Es gibt viele Möglichkeiten, die »Fluchtmethode« anzuwenden, Wer mehr Einzelheiten wissen möchte, sollte, wie gesagt, mein Buch »Laterales Denken« (»Lateral Thinking: A Textbook of Creativity«) studieren.

Die Methode der zufälligen Stimulierung

Sie ist die einfachste aller Methoden, zugleich auch jene, die am meisten Spaß bereitet. Heute haben sich die meisten Werbeagenturen auf der ganzen Welt diese Methode zu eigen gemacht. Ein

Zufallsgegenstand oder ein Zufallswort oder eine zufällige Person oder Zeitschrift oder Ausstellung rufen zufällige Stimulierungen hervor. Wesentlich daran ist, daß sie nicht ausgesucht werden, da andernfalls die Wahl durch ihre Beziehung auf die vorliegenden Ideen bestimmt und dadurch eher eine Verstärkung als ein Wandel ausgelöst wird. Es geht darum, sich selbst einem zufälligen Einfluß auszusetzen oder ihn bewußt zu erzeugen.

Die bequemste Form ist ein zufälliges Wort, beispielsweise durch Seitenzahl- und Seitenangabe in einem Wörterbuch. Sie zählen ganz einfach die Zeilen ab, bis Sie an das gewünschte Wort oder das nächste Substantiv kommen.

Einmal nahm ich an einer Diskussion über Lehrerausbildung in einem Land mit Lehrkräftemangel teil. Aus dem Seitenzahl- und Zeilenhinweis ergab sich das Wort »Kaulquappe«, was offensichtlich in keinem Zusammenhang mit der Ausbildung von Lehrern steht. Durch die »Kaulquappe« entsteht die gedankliche Vorstellung eines Schwanzes. Wir könnten also sagen: »Po-Lehrer besitzen Schwänze.« Was für einen praktischen Sinn könnte dies ergeben? Vielleicht den von zwei Assistenten oder Studenten, die dem Lehrer folgen und mit der Zeit mehr und mehr Aufgaben übernehmen würden? Auf diese Weise könnte man jede Lehrkraft verdreifachen. Man könnte dennoch Ausbildungsstätten einrichten und später Lehrer für die theoretische Ausbildung heranziehen.

Ein Zufallswort dient dazu, Gedankenlinien anzuzapfen, die sonst im Verborgenen bleiben würden. Die Gedankenverbindung einer Verkehrsampel zu Zigaretten führte zu der Idee, die Zigarette etwa eineinhalb Zentimeter unterhalb des Filterendes mit einem roten Streifen zu versehen als Hinweis darauf, daß der Raucher sich nun der am meisten gesundheitsgefährdenden Zone nähere und die Zigarette ausdrücken solle.

Auf den ersten Blick erscheint es ziemlich unlogisch, daß ein zufällig gewähltes Wort zur Lösung eines Problems beitragen kann (was folgen muß, wenn die Wortwahl nicht wirklich zufällig ist). Im Mustersystem ergibt dies jedoch durchaus Sinn. Würden Sie in London wohnen, und ich würde Sie irgendwo in der Stadt mit dem

Auto absetzen, würden Sie Ihren Weg nach Hause finden (durch Ortskenntnis, Straßenkarten oder durch Erfragen des Wegs). Bei Ankunft an Ihrer Wohnung würden Sie vielleicht feststellen, daß Sie aus einer Richtung kommen, die der, die Sie normalerweise einschlagen, völlig entgegengesetzt liegt. Genau so arbeitet das Zufallswort. Die nachstehende Zeichnung soll dies veranschaulichen. Beim Denken bewegen wir uns aus der gewissen Zone der traditionellen Bahnen heraus. Wenn wir auf ein Zufallswort stoßen, erkennen wir zuerst die ihm eigenen Assoziationen. Früher oder später stellen diese dann Gedankenverbindungen mit den Inhalten des »Problems« her. Nun können wir das Problem hinter uns lassen und dieser neuen Richtung folgen und herausfinden, was wir dabei entdecken.

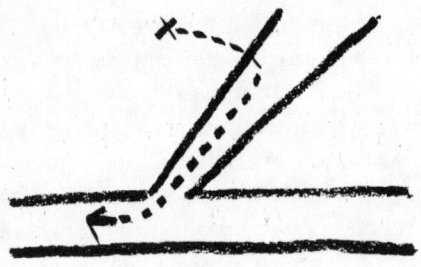

In der Praxis geschieht es manchmal, daß die Assoziationen eines Zufallsworts so begrenzt sind, daß wir nur eine geringe Provokation erzeugen. Der Fall, daß ein Begriff zu weit hergeholt ist, trat jedoch niemals ein. Dies überrascht nicht allzu sehr, da wir den Assoziationen, die ein Wort in sich birgt, folgen und so zu anderen Begriffen gelangen, bis sich daraus ein breiter Fächer von »Bindegliedern« ergibt. Wir können aus dem Begriff vielleicht sogar eine Funktion oder Eigenschaft ableiten; aus dem Wort »Elefant« ergibt sich beispielsweise »sehr groß«. Dieses Beispiel steht für viele Situationen.

Diverse Menschen erzählten mir, wie sie durch Gebrauch eines Zufallsbegriffs bedeutende neue Produkte auf einer Vielzahl von

Gebieten entwarfen: Dienstleistungen auf dem Sektor des Finanz-
wesens, Haushaltsgegenstände, Brückenkonstruktionen und so
weiter. Versuchen Sie als Übung, die folgenden Zufallswörter als
Auslöser für neue Ideen auf einem bestimmten Gebiet zu verwenden:

Zufallswort	Anwendungsgebiet
Frosch	ärztliche Versorgung
Tennisschläger	Küchenplanung
Politik	Haarshampoo
Abstimmung	Verkehrskontrolle
Vulkan	Gestaltung eines Fotoapparates
Seife	Finanzierung eines Hauskaufs

Allgemeine Anwendung des lateralen Denkens

Die drei Methoden »Sprungbrett«, »Flucht« und »Zufallsstimulierung« können als spezifische und formelle Methoden zur Schaf-
fung neuer Ideen oder einer neuen Annäherung herangezogen
werden. Wichtig ist jedoch das Bemühen um laterales Denken; die
Bereitschaft, nach besseren Konzepten zu suchen, ist mit eingeschlossen. Auf gewisse Weise stellt jede Methode einen Aspekt der
lateralen Denkweise dar. Bei der Sprungbrett-Methode verwenden
wir eine Idee aufgrund ihres »Bewegungswerts« anstelle ihres
bloßen Beurteilungswerts. Diese Einstellung ist positiv und konstruktiv. Bei der »Fluchtmethode« richten wir unser Augenmerk auf
Dinge, die wir voraussetzen, und bemühen uns herauszufinden, ob
sie tatsächlich die einzige oder bestmögliche Art sind, etwas zu tun.
Und wir sind bereit, sie entweder zu verbessern oder aufzugeben.
Bei der Methode der Zufallsstimulierung öffnen wir uns auch
Einflüssen, nach denen wir nicht direkt suchen. Wir sind für
Stimulierung bereit.

Die Logik des lateralen Denkens

Wenn wir uns Gedanken darüber machen, wie sich Mustersysteme bei der Wahrnehmung selbst aufbauen, stoßen wir unweigerlich auf die Logik des lateralen Denkens. Laterales Denken ist im Universum des Mustersystems ziemlich logisch. Wir benötigen Methoden, um Muster zu durchqueren statt ihnen bloß zu folgen.

Laterales Denken hat mit Wandel zu tun, besonders dann, wenn der Wandel ein Aufgeben eines Musters mit sich bringt, das sich in der Vergangenheit als zufriedenstellend erwies. In einem späteren Kapitel dieses Buches werde ich auf eine üblichere Form des Wandels, nämlich aufgrund von Kritik und Angriff, eingehen. Schwachstelle dieser Methode ist, daß wir eine Veränderung nur dann in Betracht ziehen können, wenn man einem Konzept seine Mangelhaftigkeit nachweisen kann, und wenn die angreifende Partei stark genug ist, den Wechsel auszuführen.

In Japan gab es nie dieses Konflikt- oder dialektische System, das wir in den westlichen Ländern so hoch einschätzen. Daher sind die Japaner um so viel mehr an einem Wandel interessiert, der auf Erforschen, Erkenntnis und Umstellung basiert. Darin liegt auch das Wesen des lateralen Denkens. Dies mag vielleicht die Ursache sein, warum alle meine Bücher in die japanische Sprache übersetzt wurden, und warum die Pro-Kopf-Verkaufsquote dort höher als anderswo auf der Welt ist. Ich möchte auch darauf hinweisen, daß die Sicherheit ihrer vorhandenen Systeme, weit davon entfernt, einen Ideenwandel zu verhindern, ihnen eigentlich die Freiheit zu forschen bietet. Sie scheinen die Tradition eher als Grundlage für Veränderungen denn als Bollwerk dagegen zu verwenden.

6. Information und Denken

Es gibt nur ein einziges Wesen, das nicht denken kann – und auch keinen Sinn für Humor haben kann.

Dieses Wesen ist natürlich Gott. Denken heißt, von einem Wissensstand auf einen anderen, besseren überwechseln. Nachdem Gott vollkommenes Wissen besitzt, befindet er sich bereits auf der obersten Wissensstufe. Denken ist für ihn nicht nur überflüssig, sondern gar nicht möglich. Gott kann auch keinen Sinn für Humor zeigen, denn Witze, die ihm altbekannt sind, können ihn nicht mehr durch ihre Pointe überraschen.

Da wir zu wenig wissen und nur unvollständig informiert sind, ergibt sich für uns die Notwendigkeit zu denken.

Im Rahmen unserer Bildung und Erziehung versuchen wir, einen gottähnlichen Zustand, Allwissenheit, zu erreichen. Dies wird immer schwieriger, da die aufzunehmende Informationsmenge ständig zunimmt. Wir sprechen in diesem Zusammenhang von Informationsvorrat. Denken stellt keinen Ersatz für Information dar. Schließlich sehen Sie ja auch im Flugplan nach, wann wohl ein Flug nach Genf abgeht und versuchen nicht bloß, sich darüber Gedanken zu machen.

Je mehr Informationen wir haben, desto besser wird unser Denken und desto effizienter unser Handeln. Da jedes kleinste Informationsteilchen hilfreich ist, muß alle nur verfügbare Zeit dafür aufgewendet werden, mehr Informationen herbeizuschaffen. Entsprechend bleibt keine Zeit übrig, um Denken direkt als Fertigkeit zu betrachten.

Hier tritt ein Dilemma zutage. Hätten wir über ein bestimmtes Thema sämtliche Informationen, wäre das Denken überflüssig. Können wir jedoch nicht über die gesamte Informationsmenge verfügen, dann ist es ungleich besser, weniger davon zu besitzen und dafür jedoch eine größere Denkfertigkeit aufzuweisen. Die nächste Zeichnung veranschaulicht diesen Zwiespalt. Einfacher ausgedrückt stellt sich das Dilemma so dar: Wenn wir nicht in den Besitz vollständiger Information gelangen können, sollten wir dann mehr Zeit dafür aufwenden, besser informiert zu sein, oder sollten wir sie zur Verbesserung unserer Denkleistung einsetzen?

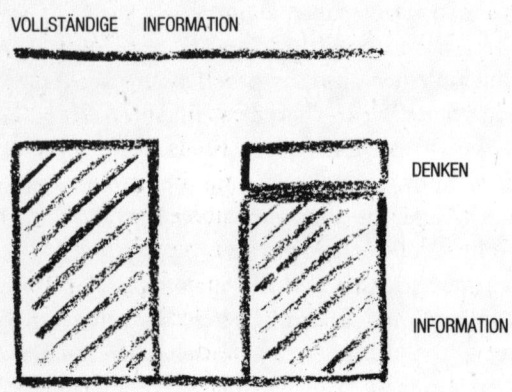

Es mag vielleicht gewisse Gebiete geben, wo es möglich ist, vollständig informiert zu sein, aber meistens müssen wir doch die Information durch Denken ergänzen. Nehmen wir einmal an, daß es laut Flugplan um 9.45 Uhr morgens einen Flug von London nach Genf mit der Nummer SR 815 gibt. Da wir dies nun wissen, müssen wir da noch denken? In der Tat ja. Wie gelangen wir zum Flugplatz? Wieviel Zeit sollten wir für die Fahrt dorthin einräumen? Ist dann gerade Stoßverkehr? Sind zu dieser Zeit irgendwelche Streiks angesagt? Wie wird wohl das Wetter sein, und wie kann ich dies wohl am besten herausfinden? Macht es etwas aus, wenn sich der Abflug verzögert? Sollte der Flugplan unterbrochen werden, wie benachrichtige ich die Person, die mich am Ende meiner Reise erwartet? Alle diese Überlegungen machen Denken erforderlich.

»Operatik«

Auf einem Gebiet wird es uns niemals gelingen, sämtliche Informationen zu erhalten – hier müssen wir unser Denkvermögen einsetzen. Ich spreche von der »Zukunft«. All unsere Taten, Pläne, Entscheidungen und unsere Auswahl werden erst in der Zukunft zur Realität, d. h. Zukunft ist dort, wo die »Handlung« stattfindet. Bildung und Erziehung hingegen beziehen sich im wesentlichen auf die Vergangenheit. Dabei geht es um ein Sortieren, Prüfen und Aufnehmen bereits vorhandenen Wissens. Wir nehmen an, daß es offensichtlich und einfach ist, etwas in die Tat umzusetzen, sobald wir ausreichend Information zusammengetragen haben. Aber derartige Fertigkeiten verlangen mehr. Sie erfordern zum Beispiel, über Vorrangigkeit, die Konsequenzen der Handlung und die davon betroffenen Menschen nachzudenken. Diese Aspekte sind alle Bestandteil der CoRT-Denklektionen. Ich prägte dafür den Begriff »Operatik« für die allgemeinen körperlichen und geistigen Fähigkeiten. Meiner Ansicht nach sollte sie in der Schule die gleiche Stellung einnehmen wie Rechnen oder Schreiben.

Das für die allgemeinen körperlichen und geistigen Fähigkeiten nötige Denken erfordert auch, daß man eine gewisse Erfahrung in die jeweilige Situation einbringt.

Die Erfahrung – wie man sie prüft

Wenn all unsere Erfahrungen sofort zur Verfügung stünden, wären wir viel bessere Denker. Dies ist jedoch nicht der Fall, und wir müssen unser Augenmerk genauestens auf unsere Erfahrungen richten, um das, was wir im Augenblick benötigen, herauszugreifen. Einer der Hauptfehler beim Denken ist das sogenannte punktuelle Denken, bei dem der Verstand von einem Punkt zum nächsten ohne systematische Prüfung gleitet. Vierundzwanzig verschiedene Gruppen von Kindern im Alter von elf Jahren wurden danach gefragt, was sie von der Idee hielten, daß »Brot, Fisch und Milch kostenlos ausgegeben werden sollten«. Dreiundzwanzig davon entschieden, dies sei kein guter Vorschlag, obwohl einige von ihnen aus Familien stammten, die so arm waren, daß sie sich Milch nur gelegentlich leisten konnten. Ein typisches Beispiel für dieses punktuelle Denken lief folgendermaßen ab: »Wären diese Dinge kostenlos, würde jeder sie begehren. Die Menschen würden sich in den Läden drängen. Die öffentlichen Verkehrsmittel wären überfüllt, die Fahrer würden mehr Geld fordern. Sie würden jedoch nicht mehr Geld erhalten. Daraufhin würden sie streiken. Andere Menschen würden die Arbeit niederlegen. Also ist es ein schlechter Vorschlag.« Es besteht jeweils eine gedankliche Verbindung von einem Punkt zum nächsten, aber der Vorschlag selbst wird nicht überprüft.

Da unsere Erfahrung einschließlich des hinzugelernten Wissens unsere Hauptinformationsquelle ist, aus der wir je nach Sachlage schöpfen können, müssen wir allgemein einsetzbare Mittel zur Zwecküberprüfung entwickeln. Zwei Methoden hierzu sind »CAF«, die Abkürzung von Consider All Factors (bedenken Sie alle Faktoren) und C & S, die Abkürzung von Consequences and Sequels (Folgen und Folgeerscheinungen). Sie wurden entwickelt, um der Ichbezogenheit und kurzfristigen Planung entgegenzuwirken – zwei Eigenschaften, denen man allzu leicht verfällt.

Bedenken Sie alle Faktoren (CAF)

Wie die beiden Methoden »plus, minus, interessant« (PMI) und »Alternativen, Möglichkeiten, End-Auswahl« (APC) dient auch eine Vorgehensweise unter Berücksichtigung möglichst aller Faktoren dazu, die Aufmerksamkeit gezielt zu lenken. Auf diese Weise läßt sich vieles konkret umsetzen, was normalerweise nur Vorhaben geblieben oder im größeren Rahmen betrachtet worden wäre. Alle Faktoren berücksichtigen heißt nicht, diese zugleich zu bewerten.

Die CAF-Methode zum Thema Gebrauchtwagenkauf könnte die folgenden Punkte aufwerfen: Preis, Vorgeschichte, Vorbesitzer, derzeitiger Besitzer, Kilometerstand, Wahrscheinlichkeit, daß dieser geändert wurde, Wiederverkaufswert, Preisvergleich mit der offiziellen Gebrauchtwagen-Preisliste und dem Preis anderer Verkäufer, Zustand des Wagens, Benzinverbrauch, Zustand der Reifen, Rost, Gültigkeit der TÜV-Plakette, praktischer Nutzen des Autos, Ersatzteilkosten, Kundendienstnähe und so weiter. Dies ist natürlich keine vollständige Liste, außerdem beinhaltet sie keine Rangfolge. Einige der aufgezählten Punkte überschneiden sich sogar. So schließt »Zustand des Wagens« sowohl »Rost« wie auch »Zustand der Reifen« mit ein. Sollte irgendwas besondere Aufmerksamkeit verdienen, so sollte man es auf jeden Fall getrennt auflisten. Schlagworte beinhalten zwar viele Aspekte, heben jedoch nicht die einzelnen Faktoren hervor – deshalb ist es hilfreich, sie zusätzlich aufzuführen.

Eine Vorgehensweise, die alle Faktoren berücksichtigen will, muß fragen »Was wurde ausgelassen?« und »Was sollten wir noch berücksichtigen?« Ein junges Paar, das ein breites Bett kauft und bei Anlieferung feststellen muß, daß es nicht durch die Eingangstür paßt, unterließ eine wesentliche Überlegung.

Versuchen Sie, bei den folgenden Themen möglichst alle Faktoren zu berücksichtigen: Wahl einer Wohnung; Kauf eines Teppichs; Streichen eines Zimmers; Kauf eines Buchgeschenks; Wahl einer Zeitung; Gestaltung einer Fernsehsendung; Wahl eines Gerichts auf einer Speisekarte.

Folge und Folgeerscheinung (C & S)

Denken ist meist eine kurzfristige Angelegenheit, da ein Handlungsablauf unmittelbar Zustimmung oder Ablehnung auslöst. Wir interessieren uns dafür, was als nächstes geschieht – alles andere überlassen wir der Zukunft. Wie wir im übernächsten Kapitel über Werte und Emotionen sehen werden, entwickelte man viele Methoden, um unser Denken längerfristig zu gestalten.

Bewußt Folgen und Folgeerscheinungen in die Überlegung einzubeziehen kann bedeuten, nach vier Zeitzonen zu entscheiden: unmittelbare Folgen in einem Zeitraum bis zu einem Jahr; kurzfristige Folgen in einem Zeitraum zwischen einem und fünf Jahren; mittelfristige Folgen in einem Zeitraum zwischen fünf bis zwanzig Jahren; langfristige Folgen nach zwanzig Jahren oder mehr. Die einzelnen Zeitzonen sind willkürlich und können variieren. Sie können auch einer bestimmten Situation genau angepaßt werden.

Folgen und Folgeerscheinungen einkalkulieren ist der bewußte Versuch, den Zeitrahmen eines gegebenen Augenblicks zu fixieren. Wie der Denkende bei der PMI-Methode sich auf die Plus-, Minus- und Interessant-Aspekte konzentriert, so konzentriert er sich bei der Beurteilung nach Folge und Folgeerscheinung auf die verschiedenen Zeitzonen. Die Übung ist überraschend schwierig, sie ist zu wenig selbstverständlich. Außerdem ergeben sich auch Schwierigkeiten, weil wir uns sträuben, Zeitzonen zuzuteilen. Wir können zwar feststellen, daß eine Folge »irgendwann« in Erscheinung tritt, aber der genaue Zeitpunkt wird nicht definiert. Diese Unbestimmtheit können wir abschaffen, indem wir bewußt Folge und Folgeerscheinungen mitberücksichtigen.

Überlegungen nach dieser Methode zu einem wesentlichen Durchbruch auf dem Gebiet der Solarenergie könnten beispielsweise folgende Vorstellungen aufzeigen:

Unmittelbar (bis zu einem Jahr):

Plötzliche Veränderung der Aktienkurse der davon betroffenen Gesellschaften; viel Gerede und Spekulationen; leichter Verfall der Ölpreise; neue Entwürfe für Gebäude mit Vorrichtungen für Sonnenenergie-Platten.

Kurzfristig (ein bis fünf Jahre):

Weiteres Absinken der Ölpreise; sehr viel weniger Fortschritt in der Entwicklung als ursprünglich angenommen; Steigen der Grundstückspreise in Wüstenstädten; Kreditaufnahme von Ländern der Dritten Welt für große Projekte.

Mittelfristig (fünf bis zwanzig Jahre):

Inbetriebnahme einiger Projekte, Fehlschlag anderer; Aufwertung von Gebieten, wo sich Solarenergie als besonders nützlich erweist; weiterer technischer Fortschritt; langsames Erholen der Ölpreise; Versuch, Wasserstoff als Treibstoff für Autos zu verwenden.

Langfristig (über zwanzig Jahre):

Scharfe Trennung beim Energieverbrauch nach Preis und Komfort; zunehmender Einsatz der Solarenergie mit Ausnahme des Transportmittelsystems; rapideres Ansteigen der Ölpreise mit Auswirkungen auf das Transportwesen sowie einige Bereiche der chemischen Industrie.

Kalkulieren Sie Folgen und Folgeerscheinungen bei den folgenden Vorschlägen ein: Büroarbeit kann über ein Terminal zu Hause erledigt werden; Urlaubs-Flugreisen werden zu teuer; Erfindung einer harmlosen Glückseligkeitspille.

Alle Faktoren, Folgen und Folgeerscheinungen zu bedenken (CAF; C & S) sind zwei Vorgehensweisen, die darauf abzielen, seine bisherigen Erfahrungen auf wichtige Hinweise zu überprüfen; zugleich sind sie ein Teilprogramm zur allgemeinen Erweiterung der Wahrnehmung, die eher mit Weisheit als mit Schlauheit zu tun hat. Außerdem sollte man wissen, daß die Absicht, alle Folgen einzukalkulieren, keinerlei Garantie dafür ist, daß auch nur ein einziger der (aufgezählten) Punkte zutrifft. Jegliches auf die Zukunft gerichtete Denken ist spekulativ und beruht auf einem »vielleicht« oder »könnte sein«, wenngleich auch sie nach verschiedenen Wahrscheinlichkeitsgraden unterscheiden.

Intensives Lesen und Zuhören

Nur sehr wenige Menschen sind gute Zuhörer. Ein guter Zuhörer lauscht dem Gesagten langsam. Er wandert mit seinen Gedanken nicht voraus, fällt keine vorschnellen Urteile und formuliert auch nicht im vorhinein eine Antwort. Er konzentriert sich direkt auf das, was gesagt wird. Er hört mehr, als was gesagt wird. Er verschafft sich soviel Information wie nur möglich, indem er die Worte mehrmals umdreht und sich überlegt, warum gewisse Dinge in ganz besonderer Weise formuliert wurden. So läuft aktives Hören ab: Die Vorstellungskraft des Zuhörers ist völlig mit den mehr oder weniger wahrscheinlichen Möglichkeiten beschäftigt.

Intensives Lesen gleicht intensivem Zuhören. Der Leser liest zwischen den Zeilen und stellt Überlegungen an zur eigentlichen Bedeutung seiner Lektüre. Im Gegensatz dazu steht das Schnellesen, das nur auf einen groben Überblick abzielt. Will man möglichst schnell herausfinden, was geschieht und wie eine Geschichte ausgeht, so wird man sicherlich nur oberflächlich lesen. Beide Lesearten haben ihre Vorteile. Wie immer zeigt sich die Denkfertigkeit darin zu wissen, welche Methode man zu welcher Zeit einsetzen soll.

Intensives Lesen beansprucht sehr viel Denken. Die eigentliche Bedeutung einer Sache offenbart sich häufig nur, wenn unser Denken eine Vielzahl möglicher Situationen um unsere Lektüre erschafft.

Überlegen Sie, welche Folgerungen sich aus der nachstehenden Bemerkung ergeben, die ich einmal vor einer Gruppe Zuhörer in Barcelona äußerte: »Mir scheint, es gibt eine Menge Schuhgeschäfte in dieser Stadt.« Folgende Schlüsse könnten beispielsweise aufgezählt werden:

- daß ich genau den Teil der Stadt besucht hatte, in dem sich die Schuhgeschäfte befanden;
- daß ich vermutlich zu Fuß gegangen und nicht mit dem Auto gefahren war;
- daß es einen Stadtteil mit zahlreichen Schuhgeschäften gab;
- daß ich vielleicht die Absicht hatte, Schuhe zu kaufen oder aus einem anderen Anlaß besonderes Interesse für Schuhe zeigte;
- daß die Gewinnspanne bei spanischen Schuhen sehr günstig war;
- daß die Leute hier ihre Schuhe häufiger wechselten;
- daß Touristen in Barcelona bevorzugt Schuhe kauften;
- daß Schuhe schneller verschlissen;
- daß es keine besonders großen Schuhgeschäfte gab;

– daß die Steuer auf Geschäftsgrundstücke in Barcelona niedrig war;
– daß es in anderen Stadtvierteln wenige Schuhgeschäfte gab.

Die meisten dieser Mutmaßungen sind sehr spekulativ und basieren auf »es könnte sein, daß . . .«. Mit einer einzigen Aussage kommt man nicht weiter. Liest man jedoch eine längere Passage oder erhält mehr Informationen, dann ergeben sich möglicherweise Überschneidungen mit einzelnen Mutmaßungen, und man kommt zu definitiven Aussagen. Würde dieser Abschnitt beispielsweise über hohe Grundstückspreise in Barcelona berichten, würde die Wahrscheinlichkeit zunehmen, daß entweder die Leute dort sehr viele Schuhe einkauften oder daß die Gewinnspannen hoch seien. Würde Barcelona als Touristenzentrum hervorgehoben, wäre dies für höhere Schuhverkäufe verantwortlich.

Hinter intensivem Lesen oder intensivem Zuhören verbirgt sich kein besonderer Trick, es ist lediglich der *Wille* dazu erforderlich.

Logik

Logik ist eine Art, Information zu verarbeiten. Mit Logik kann man mehr Informationen erhalten als eigentlich zur Verfügung steht. Wir wissen beispielsweise nicht, ob es eine Straßenverbindung von A nach C gibt. Was wir jedoch wissen, ist, daß eine Straße von A nach B und eine weitere von B nach C führt. Durch Kombinieren dieser beiden Informationsteilchen können wir schließen, daß eine Möglichkeit vorhanden ist, von A nach C zu gelangen.

Die klassifizierende Logik, von der ich bereits in diesem Buch sprach, ist eine andere Möglichkeit, mehr Information zu erhalten. Sobald wir nachweisen können, daß etwas Bestandteil einer gewissen Gruppe ist, können wir daraus schließen, daß es alle Eigenschaften dieser Gruppe aufweist. Wie gesagt, ist dies eher vergleichbar mit einer Katze, die sich in den Schwanz beißt (da wir die Sache nicht eigentlich der Gruppe hätten zuordnen sollen, es sei denn, wir wußten bereits, daß sie alle Eigenschaften der Gruppe aufweist) – aber diese Logik beinhaltet auch eine praktische Seite, besonders wenn es dabei um Worte geht und nicht um allgemeine Angelegenheiten.

Ein weiterer Aspekt der Logik ist es, ein besonderes Logikuniversum zu entwickeln (wie in der Mathematik) und dann die Beziehungen zu erforschen, die in diesem Universum auftreten. Darin birgt sich jedoch die Gefahr, daß wir Schlußfolgerungen, die sich aus diesem speziellen Universum ergeben, auf die reale Welt übertragen.

In einer kugelförmigen Welt beispielsweise können wir uns von einem Punkt A wegbewegen und uns gleichzeitig ihm nähern (ebenso auf einer Eisenbahn-Rundstrecke). Dies widerspricht offensichtlich dem Gesetz des Widerspruchs.

Auf den in diesem Abschnitt besprochenen spekulativen Gebieten lauteten die der Operatik zugeordneten Wörter »könnte sein« und »mag sein«. Die Logik sucht nach mehr Gewißheit. Ihre Begriffe sind »muß sein« und »kann nicht sein«. Statt sich überlappende Wahrscheinlichkeiten zu suchen, sind wir darum bemüht, uns schrittweise der Lösung mit Hilfe des Erkenntnisschlusses zu nähern.

Wo sich das System bewährt, zeigt es äußerste Effizienz. Es ist jedoch auf die reale Welt nicht so leicht anwendbar, wie von vielen gerne behauptet würde.

Mehr Information erhalten

Bis jetzt überlegten wir uns, wie wir die bereits zur Verfügung stehende Information besser nützen können. Information von außen zu erlangen kann folgende drei Möglichkeiten beinhalten: Ausschöpfen von Informationsquellen, Fragen, Versuche.

Das Ausschöpfen von Informationsquellen ist ein eigenständiges Fachgebiet – und leider schenken wir ihm häufig nicht die nötige Beachtung. Zu wissen, wo und wie man nachschaut, ist so wichtig wie jede Denkfertigkeit. Eigentlich sollte man es genauso handhaben wie das Problemlösen: Man sollte wissen, was man will und versuchen, die dorthin führenden Wege herauszufinden.

Fragen

Gezielte Fragen sind für einen Rechtsanwalt unentbehrlich. Allgemein kann man sagen, daß sich die Fragen in zwei Gruppen aufteilen. Da gibt es zum einen die wie aus der Pistole geschossenen »Entscheidungsfragen«, wobei wir deren Zielrichtung ganz genau kennen. Auf derartige Fragen erwarten wir normalerweise ein »ja« oder »nein« als Antwort, oder wir hätten die Frage zumindest so formulieren können. Wir zielen auf eine Bestätigung oder Verneinung ab. Der Begriff »Entscheidung« zeigt an, daß wir das Ziel unserer Frage ganz genau kennen.

Bei der anderen Fragengruppe, der »Überlegungsfrage«, legen wir einen Köder aus und warten, was sich daran verfängt. »Wo bist du gestern hingegangen?« ist solch eine Überlegungsfrage, da wir die Art der Antwort nicht kennen. Wir verwenden Überlegungsfragen, um eine Situation aufzubrechen, wir stellen sie auch, wenn die Anzahl der vorgestellten Möglichkeiten so groß ist, daß wir eine ganze Reihe von Entscheidungsfragen vorbringen müßten, um diese Möglichkeiten einzugrenzen. Sogar innerhalb der Gruppe der Überlegungsfragen gibt es gewisse Abstufungen. So ist die Frage »Was hast du gestern gemacht?« allgemeiner als »Wo bist du gestern gewesen?«.

Offensichtlich ist es nicht möglich, etwas ohne eine gewisse Absicht zu fragen. Wichtig dabei ist, diese Absicht für sich zu definieren und dann einen Weg zu ihrer Verwirklichung zu finden. Fragen zu erdenken ist nicht so einfach, wie es manchmal den Anschein hat. Es ist leicht altbekannte Fragen zu stellen, jedoch erfolgbringend und wirtschaftlich zu fragen, steht auf einem anderen Blatt. Dies erfordert eine gewisse Gewandtheit und Eleganz.

Bilden Sie zur Übung je eine kurze Serie von Entscheidungs- und Überlegungsfragen, um die erforderlichen Auskünfte für die nachstehend aufgezählten Situationen zu erhalten. Takt setze ich hierbei voraus.

- Sie möchten von dem Mann, der sich bei Ihnen um eine Stelle bewarb, erfahren, warum er seinen letzten Arbeitsplatz aufgab;
- Sie möchten von dem Arzt, der Sie soeben untersuchte, erfahren, ob er bereits eine Diagnose stellen konnte;
- Sie möchten von einem Immobilienmakler erfahren, ob der Preis, den Sie für ein bestimmtes Haus bieten wollen, zu hoch oder zu niedrig angesetzt ist;
- Sie möchten vom Lehrer Ihrer Tochter erfahren, ob er sie als intelligent einschätzt oder nicht.

Experimente

Mit Experimenten versuchen wir, unsere Umwelt besser kennenzulernen. Normalerweise handelt es sich dabei um eine Entscheidungsfrage, da es darum geht, ob der Versuch klappt oder nicht. Wir hegen gewisse Hoffnungen und Erwartungen. Es gibt ein simples Spiel, das uns viel darüber, wie man ein Experiment erdenkt, lehren kann. Jemand fertigt eine einfache Zeichnung an, die eine »versteckte« Figur enthält. Der Experimentierende muß durch eine Reihe Versuche herausfinden, um welche Figur es sich handelt. Jeder Versuch besteht darin, eine neue Zeichnung anzufertigen. Beinhaltet diese Zeichnung die »versteckte« Figur ebenfalls, gilt das Experiment als geglückt und wird als richtig abgehakt. Enthält sie die Figur nicht, ist der Versuch mißlungen.

Die nächsten Zeichnungen zeigen ein interessantes Beispiel dieses Spiels.

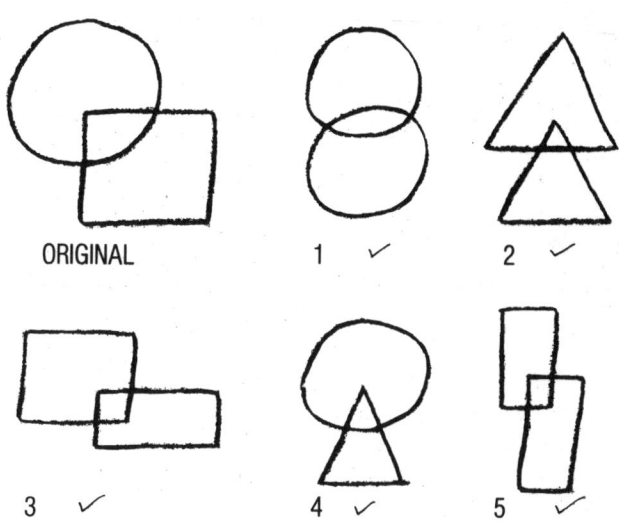

Zuerst kommt die Ausgangszeichnung, dann folgt eine Reihe Versuche, die alle richtig sind. Der Experimentierende gab dann jedoch auf. Vergleichen Sie diese Serie mit der nächsten Darstellung.

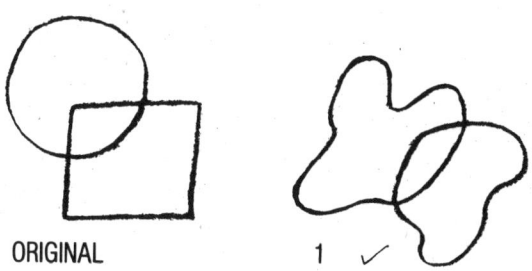

Mit nur einem einzigen Versuch kam der nächste Experimentierende wesentlich weiter. Die formlose, als korrekt abgehakte Figur schließt sofort die Notwendigkeit eines regelmäßigen Umrisses aus. Dieses Experiment stellt einen großen Schritt nach vorn dar. Die Hypothese ist kühn. Sie schaltet ein ganzes Spektrum von Möglichkeiten aus, die sonst alle einzeln zu prüfen gewesen wären.

Der Entwurf von Experimenten bedarf, wie der Entwurf von Fragen, sorgfältigen Nachdenkens. Was ist das Maximum, das durch ein Experiment erzielt werden kann: die größte Gewißheit, das Höchstmaß an Information?

Auch negative Information ist von Bedeutung, manchmal sogar wichtiger als positive, da negative Auskünfte eine ganze Reihe von Möglichkeiten ausschließen können.

Auswahl der Information

Die in Mathematiklehrbüchern sorgfältig dargestellten Probleme liefern zugleich alle erforderliche Information. Der Schüler wird ermutigt, sämtliche ihm zur Verfügung stehende Informationen anzuwenden. Das Leben weist keine solche Ordnung auf. Einmal reicht die Information nicht aus, um ein Problem zu lösen, ein andermal steht sogar zu viel davon zur Verfügung. In einem meiner Bücher, »The Five Day Course of Thinking« (»Denken lernen in fünf Tagen«), gab ich einmal ein Problem zur Lösung auf, bei dem eine aus Messern errichtete Brücke ein Glas Wasser zwischen einigen Flaschen tragen sollte. Ich bemerkte, daß vier Messer dazu verwendet werden könnten. Tatsächlich war das Problem auch mit drei Messern lösbar. Ich erhielt daraufhin eine Menge wütender Briefe, die mir alle vorwarfen, ich hätte sie durch meine Vorgabe getäuscht, da doch drei Messer ausreichend gewesen wären.

Wesentlich für das informationsorientierte Denken ist, die einschlägige Information auszuwählen. Dies gewinnt noch an Bedeutung, sobald es Zeit, Geld und Mühe kostet, um an die Information heranzukommen.

Information und Informationslücken (FI – FO)

Eine weitere Denkweise ist, die bereits vorhandene Information ausfindig zu machen und die noch offenstehenden Informationslücken genau zu definieren. (»FI« steht hier für die inhaltlich vorhandene Information, »inFormation-In«; »FO« für die noch offenstehende Information, »inFormation-Out«.) Auch diese Gegenüberstellung von Information und Informationslücke gehört zu den Methoden der Stiftung zur Förderung der kognitiven Forschung (CoRT). Man prüft die zur Verfügung stehende Information unter den verschiedenen in diesem Kapitel beschriebenen Aspekten und Vorgehensweisen und gewinnt ihr den tieferen Sinn sowie alle logischen Schlußfolgerungen ab.

Dann untersucht man die »Lücken«. Sie herauszufinden ist gar nicht so einfach, da sie durch Folgerung neu eingebracht werden müssen. Dazu müssen wir uns vorstellen, welche Information wir benötigen – erst dann sehen wir, daß sie nicht verfügbar ist.

Diese Lücken werden nun definiert und dann sorgfältig niedergeschrieben. Wir sollten uns der nicht verfügbaren Information ebenso bewußt sein wie der vorhandenen.

Wenden Sie die FI-FO-Methode auf folgende Situationen an. Listen Sie dabei die Information auf, die normalerweise verfügbar ist, sowie jene, die gewöhnlich ausgelassen ist

- ein neues Ferienziel auswählen;
- Geld für einen Hauskauf ausleihen;
- ein Brettspiel kaufen;
- eine Einladung geben.

Zwei Anwendungsmöglichkeiten

Wir benötigen sowohl die Information wie auch das Denken. Information ist kein Ersatz für Denken und Denken kein Ersatz für Information. In Verbindung mit Information schlägt unser Denken zweierlei Wege ein. Der erste zielt direkt auf die Information ab: neue Information hinzugewinnen; das Maximum aus der uns bereits zur Verfügung stehenden Information herausholen; die Information überprüfen. Der zweite Weg verwendet die Information, um Denkzwecke zu erfüllen: Entscheidungen zu fällen, Handlungen auszuführen, eine Wahl zu treffen, Pläne zu schmieden, Entwürfe anzufertigen, Freude (am Denken) zu haben.

7. Die Mitmenschen

Der größte Teil des Denkens dreht sich nicht um Rätsel oder Spiele, sondern um unsere Mitmenschen.

Deshalb trifft es sich nicht gut, daß die westliche Zivilisation eine Denkweise hervorbrachte – und sie weiterhin stark fördert –, die verschwenderisch und ineffizient ist und stets an Gefährlichkeit zunimmt. Die westliche Zivilisation war in ihrem Gedankengut und in ihrer Praxis vom »Konfliktsystem«, bei dem zwei entgegengesetzte Ansichten ausgekämpft werden, schier besessen. Dies trifft auf Argumente, Debatten, das gegnerische System im allgemeinen sowie auf die Dialektik zu. Das Konfliktsystem durchdringt unsere Politik, unser Gerichtswesen, unsere Entscheidungen im Geschäftsleben sowie unser Alltagsleben. Wir sind davon überzeugt, daß bei einem Aufeinanderprallen entgegengesetzter Meinungen die bessere als Sieger hervorgeht. Wir haben dieses System als die einzige Methode zur Herbeiführung eines Wandels angenommen.

Das Konfliktsystem beinhaltet sehr viele Nachteile. Während die eine Partei angreift und die andere sich verteidigt, wird jede Ansicht zunehmend starrer und kann sich nicht mehr weiterentwickeln. Die nachstehende Zeichnung verdeutlicht dies. Die Notwendigkeit, anzugreifen und sich zu verteidigen, schließt nützlicheres Denken aus. Dies mag der Grund dafür sein, warum ich Politiker als Gruppe stets für weniger interessiert am Denken und an neuen Ideen halte als irgendeine andere Gruppe (wobei ich kirchliche Vereinigungen nicht ausschließe).

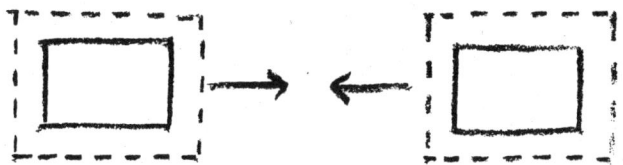

Im Konfliktsystem wird die eine oder andere Ansicht irgendwann einmal überwiegen, so beispielsweise bei politischen Wahlen. Die gegnerische Partei ist darüber verbittert und enttäuscht und somit unwillig, das neue System zum Funktionieren zu bringen. Da es bei vielen Wahlen tatsächlich mehr Verlierer als Gewinner gibt, gewinnt diese Bitternis an Bedeutung. Die nächste Zeichnung verbildlicht diese Enttäuschung.

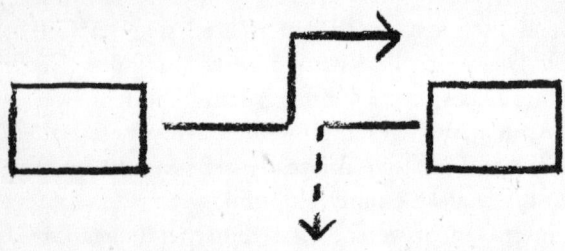

Der Hauptfehler im Konfliktsystem liegt meistens darin, daß die vorhandene Idee erst einmal angegriffen werden muß, bevor man überhaupt beginnt, an einen Wechsel zu denken. Dabei genügt der bloße Angriff nicht, man muß auch die Unzulänglichkeit dieser Idee nachweisen. Dies ist der größte nur vorstellbare Unsinn. Eine Idee kann zu ihrer Zeit ja gut gewesen sein, sie kann heute noch eine gute Idee sein. Aber dies schließt die Möglichkeit eines besseren Gedankens nicht aus. Es wird uns vielleicht niemals gelingen, die Unzulänglichkeit einer vorhandenen Idee nachzuweisen (besonders, wenn wir von Begriffen ausgehen, die durch diese Idee geschaffen wurden), weshalb wir nie in der Lage sein werden, uns nach Veränderungen umzusehen. Ein weiterer wesentlicher Nachteil dieser Methode ist, daß wir nichts mehr haben, worauf wir zurückgreifen können, wenn wir einen bereits vorhandenen Gedanken vernichten müssen, um nach einem besseren Ausschau zu halten und dabei erfolglos sein sollten. Wir haben dann jede Basis verloren. Dies ist eine der großen Gefahrenzonen bei einer auf den Gegner abzielenden Politik, da jede Partei ihre Zeit darauf verwendet, den anderen zu attackieren, daß letztendlich die Glaubwürdigkeit beider zerstört ist. Bei dieser Art von Argumenten gibt es keine Gewinner. Im japanischen System, auf das ich bereits früher verwies, muß man die Gültigkeit aktueller Denkmuster nicht angreifen, bevor man nach Möglichkeiten der Veränderung sucht. Dies spart nicht nur Zeit und lenkt die geistigen Anstrengungen in eine effizientere Richtung, sondern bedeutet auch, daß die gegenwärtige Basis ihren Wert beibehält, bis etwas besseres gefunden ist.

Es ist nicht allzu schwierig zu erkennen, wie sich dieses befremdende westliche Gedankengut entwickelte. Im Mittelalter war Denken und Lernen Sache der Kirche – wie auch die Zivilisierung der Welt. Alle anderen Menschen waren zu sehr damit beschäftigt zu töten oder wurden selbst getötet. Die Kirche unterhielt die Schulen und Universitäten und stellte auch die Denker. Richtigerweise bestand die Hauptaufgabe der kirchlichen Denker darin, die herrschende Theologie zu bewahren, da die Theologie damals sehr wichtig genommen wurde. Diese Theologie zu bewahren bedeutete, die zahlreichen Ketzereien und Irrlehren, die ständig hervorbrachen, anzugreifen und für ungültig zu erklären. Dies stellte eine schwierige Aufgabe dar: Viele dieser Ketzer waren gleichzeitig sehr kluge Leute. Aus diesem Grund legte man besonderen Wert auf die Fertigkeit des Argumentierens und der destruktiven Kritik. Sie entwickelten sich besonders stark, und dies war auch völlig in Ordnung, und zumal es darum ging, nutzbringend zu denken. Wies man der Irrlehre ihre Ungültigkeit nach, bewahrte man damit die eigene Theologie. Da sich die Theologie in Worten ausdrückt, waren die Argumente, auf den Inhalt der Worte bezogen, semantischer Natur. So entstand eine Denkweise, die tatsächlich nur auf semantische Argumentation anwendbar ist (scholastische Philosophie). Dies wurde durch die Entdeckung der griechischen Philosophie und auch beispielsweise durch den sokratischen Dialog gefördert.

Es entstand das Konfliktsystem. Weil die Kirche Schulen und Universitäten kontrollierte, wurde dieser Begriff zum Begriff des westlichen Denkens überhaupt. Und da Universitäten und Schulen nur Nachwuchslehrer ernennen, die ihren Vorstellungen entsprechen, behielt dieser Begriff des Konfliktsystems seine Gültigkeit bis zum heutigen Tage bei. Dies ging sogar so weit, daß in einem vor wenigen Jahren erschienenen Leitartikel der »Times« verkündet wurde, was so viele glauben: Ziel der schulischen Bildung sei, die Kritikfähigkeit besonders zu üben. Außer acht gelassen wurde dabei, daß viel konstruktives Denken ablaufen muß, damit Kritik überhaupt erst einen Wert hat.

Es ist leicht einzusehen, warum das Konfliktsystem eine so starke Anziehungskraft ausübt. Negative Kritik bietet Gelegenheit zu viel offenkundigem Denken. Sowohl der mittelmäßige Verstand wie auch (man beachte!) der kluge Verstand vergessen sich darin. Für den mittelmäßigen Verstand, der zu nichts anderem fähig ist, scheint es einfach zu sein, Kritik zu üben, da dies eine der niedrigsten Formen von Denken ist. Damit meine ich, daß man überhaupt alles kritisieren kann, indem man ganz einfach einen anderen Blickwinkel wählt. Hat ein Designer beispielsweise einen einfachen Stuhl entworfen, so können sie ihn mit »stark«, »langweilig« oder »ähnlich wie im Gefängnis« beschreiben. Hätte der Designer einen anspruchsvollen Stuhl angefertigt, würden Sie einfach Ihren Erwartungsrahmen wechseln und den Stuhl als »verspielt«, »hochgestochen« oder »überladen« (ja sogar mit »vulgär«) bezeichnen.

Als ich vor Jahren zum erstenmal in einem Artikel der Beilage »Bildung und Erziehung« der »Times« vorschlug, Denken als eigenständiges Unterrichtsfach in Schulen einzuführen, verursachte ich eine Welle von Protest, die darauf hinauslief, daß dies keinesfalls durchgeführt werden könne oder solle. Als ich ein Jahr später berichtete, daß Denken tatsächlich unterrichtet würde, erweckte dies wenig Interesse. Es ist noch gar nicht so lange her, als ein Professor zu dem Schluß kam, die Idee der CoRT-Methode könne nicht funktionieren – wobei er außer acht ließ, daß sie in Tausenden von Schulen bereits mit Erfolg angewandt wurde, und zwar seit Jahren, sogar in Schulen, die nicht allzu weit entfernt von seinem Wohnsitz lagen.

Negative Kritik ist folglich eine einfache Beschäftigung für mittelmäßige Menschen. Unglücklicherweise zieht sie auch kluge

Köpfe an, wie ich bereits in dem Kapitel »Die Intelligenzfalle« betonte, weil sie ein unmittelbares Gefühl von Erfolg und Überlegenheit verschafft. Tragisch dabei ist, daß in der westlichen Zivilisation so viele hochintelligente Menschen in diesem unkonstruktiven System verfangen sind. Wir brauchen kritische Denker, doch nicht, um das vermeintliche Übermaß an kreativem Denken im Zaum zu halten. Ganz im Gegenteil! Wir müssen uns sehr bemühen, gestaltendes, konstruktives und kreatives Denken zu entwickeln. Ich glaube nicht, daß unser traditionsbehaftetes Erziehungswesen dies erreichen kann.

Es gibt noch weitere Aspekte. Jemandem nachweisen, er habe Unrecht, beweist, daß wir recht haben. Dies war bei der mittelalterlichen Theologie der Fall, trifft jedoch nicht mehr zu, da die reale Welt keine konstruierte Theologie ist. Weist man heutzutage jemandem nach, er sei im Unrecht, und diesem gelingt der gleiche Beweis beim Gegner, so können sie tatsächlich beide falsch liegen.

Äußerst verheerend ist diese negative Denkart, wenn sie eine gute Idee zerstört. Ein Gedanke kann zu neunzig Prozent richtig und zu zehn Prozent falsch (oder unangemessen) sein. Was machen nun unsere großen Denker? Versuchen sie, diese zehn Prozent zu korrigieren? Nein, sie stürzen sich darauf, weisen deren Unangemessenheit nach und schließen daraus, daß jeder, der solche Gedanken hegte, ein Idiot sein müsse, woraus folgt, daß die anderen neunzig Prozent von einem Verrückten erdacht wurden und deshalb lächerlich sind.

Es erfordert nicht allzu viel Nachdenkens, sowohl die Dummheit wie auch den Anspruch des Konfliktsystems zu erkennen. Daß es in unserer Denkkultur vorhanden ist, versteht man, daß es jedoch eine Vorrangstellung einnimmt, ist absurd.

Natürlich ließ ich mich durch meinen Angriff auf dieses System selbst auf das negative Denken ein. Dies wurde erforderlich, da man einen Begriff mit seinen eigenen Waffen schlagen muß (wobei der Angriff selbst eine dieser Waffen darstellt).

»Exlektik«

Nun gelangen wir zum konstruktiven Teil. Wenn Konflikt und Dialektik zerstörerisch und gefährlich sind, welche andere Möglichkeit gibt es dann? Die Alternative lautet »Exlektik«. Sie hat mit dem Lesen geographischer Karten zu tun, aber auch mit schöpferischem Entwerfen. Der Begriff selber ist eher positiv als negativ. »Exlektik« versucht aus einer Situation »herauszuführen« oder »herauszuziehen«, was wertvoll ist – ganz egal, auf welcher Seite es sich befindet.

Exlektik beinhaltet mehr als bloßen Kompromiß oder Zustimmung. Der Kompromiß ist noch Bestandteil des Konfliktsystems und bedeutet, daß beide Seiten etwas aufgeben, um etwas zu erreichen. Die Zustimmung bedeutet ein Verharren auf dem Teil eines Vorschlags, worüber sich alle einig sind: Zustimmung ist passiv und die niedrigste Stufe eines gemeinsamen Nenners bei einem Annäherungsversuch. Man kann Exlektik eher mit der in Japan angewandten »Osmose-Methode« vergleichen, wo es von Anfang an keine entgegengesetzten oder sich verändernden Ideen gibt, sondern nur ein gemeinsames Zuhören und gemeinsames Erforschen. Erst später bilden sich langsam einzelne Vorstellungen heraus. Erst nach vielen Treffen nehmen sie festere Formen an, wohingegen im westlichen System die einzelnen Meinungen bereits bei der ersten Zusammenkunft eingebracht werden.

Exlektik beschäftigt sich nicht mit »Ansichten«, sondern mit der Sache selbst, dem Terrain. Dies spiegelt genau den Unterschied zwischen der Intelligenzfalle und der PMI-Methode wider.

Die bei der Exlektik eingesetzten CoRT-Methoden sind einerseits forschend, anderseits zeichnen sie Sachverhalte genau nach.

Prüfen Sie beide Seiten (EBS)

Jemand versucht, im Laufe einer Debatte, die Schwächen im Argument seines Gegners herauszufinden. »EBS« steht für *E*xamine *B*oth *S*ides (prüfen Sie beide Seiten), wobei diese Prüfung der

Erforschung dient. Was ist wirklich der Standpunkt des anderen – und zwar nicht als Argument gesehen, sondern als »Terrain«, das dahinter steht? Erforschen ist neutral. Ein Schüler kann im Unterricht die Aufgabe bekommen, eine Ansicht darzulegen, um dann im letzten Moment aufgefordert zu werden, einen anderen Standpunkt einzunehmen. Damit soll nicht die Debattierfähigkeit demonstriert, sondern die gründliche Überprüfung beider Seiten gefördert werden. Die Schüler würden dadurch ermuntert, beide Seiten so genau zu erforschen, daß man beim bloßen Lesen ihrer Aufsätze nicht feststellen könnte, welche Ansicht die eigentlich bevorzugte Meinung ist. Das Prinzip, beide Seiten zu prüfen, schließt ein Festhalten an einer Ansicht, ein Wertesystem oder eine Vorliebe nicht aus, aber es verändert die Reihenfolge, das heißt, die persönliche Ansicht *folgt* auf die Überprüfung, nicht umgekehrt.

Beide Seiten zu prüfen ist wiederum eine Methode zur bewußten Steuerung der Aufmerksamkeit. Sie scheinen einfacher anwendbar zu sein, als dies tatsächlich der Fall ist. Im allgemeinen unternimmt man einen schwachen Versuch aus dem Stegreif, um die andere Seite zu überprüfen – aus Angst, eine zu sorgfältige Prüfung würde den Eifer bremsen, mit dem man die eigene Ansicht vertritt.

Bis zu einem gewissen Grad kann man das Prüfen beider Seiten mit einem Auskundschaften des gegnerischen Gebiets zu Kriegszeiten vergleichen. Der wesentliche Unterschied liegt jedoch darin, daß man im Krieg beim Sondieren des gegnerischen Geländes nach Angriffspunkten für Bombenabwürfe oder Sabotageakte sucht, während die Prüfung beider Seiten das Terrain mit einem positiven Hintergedanken überprüft. Schwachstelle dabei ist, daß es nicht leicht ist, diesen Unterschied in der eigenen Meinung aufrechtzuerhalten. Neutralität und Objektivität sind wesentlich bei dieser Prüfung; deshalb ist innere Zurückhaltung unerläßlich für jeden, der den Sachverhalt beider Seiten kartographisch festhalten will.

Wenden Sie diese Methode zur Übung auf folgende Themen an: Kernkraftwerke; Streik der öffentlichen Verkehrsmittel; Zensur bei Gewalt im Fernsehen; erhöhte Staatsausgaben; Fernsehsendungen zur Frühstückszeit.

Worauf es ankommt:
Der wesentliche Unterschied (ADI)

Die vorher beschriebene kartographische Vorgehensweise, die beide Seiten prüft, führt direkt zur ADI-Methode. Diese Abkürzung steht für *A*greement, *D*isagreement und *I*rrelevance (Übereinstimmung, Meinungsverschiedenheit und von geringer Bedeutung). Man vergleicht die beiden (bei der Prüfung beider Seiten angefertigten) Aufzeichnungen und hält die übereinstimmenden Punkte fest. Als nächstes greift man die voneinander abweichenden Punkte heraus und schließlich die unbedeutenden. Häufig ergibt sich bei dieser neutralen Überprüfung eine relativ geringe Meinungsverschiedenheit, obwohl sie während der Argumentation viel gewichtiger erschien; keine Seite wollte in einem gewissen Punkt nachgeben, aus Furcht, dies könne gegen den Argumentierenden vorgebracht werden. Am Ende solch einer Übung sollten beide Parteien in der Lage sein, direkt auf eine der Meinungsverschiedenheiten hinzuweisen: »In diesem Punkt sind wir wirklich verschiedener Meinung.« Da wir normalerweise in relativ vielen Dingen übereinstimmen, kann man dies als Ausgangspunkt für den Versuch verwenden, einen Weg zu finden, der die Uneinigkeit umgeht. Auf jeden Fall ergibt sich aber eine stärkere Verhandlungsbasis.

Die Isolation einer Zone aufgrund von Meinungsverschiedenheit schafft auch die Möglichkeit einer eingehenderen Prüfung, um so herauszufinden, wie grundlegend diese Meinungsverschiedenheit ist. Ungeachtet des Ergebnisses ist es leichter, auf diese Art einen Fortschritt zu erzielen, als gegen die offene Opposition des Gegners anzukommen. Sogar wenn es bei der grundlegenden Widerspruchszone um ein Prinzip oder einen Wert geht, wird man leichter zu einem Ergebnis gelangen, das beide Seiten zufriedenstellen kann. Stimmt man zum Beispiel im wesentlichen darin überein, daß am Ende ein Wechsel erfolgen muß, dann geht es im Bereich der Meinungsverschiedenheit nur noch darum, wie schnell die Veränderung einsetzen soll, oder um die anzuwendende Methode oder um die einzelnen Schritte.

Die Auswertung der zwei unterschiedlichen Meinungen kann jeder für sich vornehmen oder gemeinsam – beide Parteien tun sich zusammen – durchgeführt werden. Dieses gemeinsame Vorgehen ist die beste Verfahrensweise, sie hängt jedoch von der Laune der einzelnen Parteien ab. Sind sie widerstrebend, mag es für jede Seite vorteilhafter sein, die Auswertung allein vorzunehmen. Auch wenn die eine Partei unwillig ist, die sogenannte ADI-Methode durchzuführen, sollte dies die andere nicht davon abhalten, ihr Ergebnis danach zur Abstimmung und Modifikation vorzulegen.

Ein fünfzehnjähriges Mädchen möchte rauchen. Sie und ihr Vater streiten darüber. Sie erarbeiten die folgenden Gesichtspunkte:

Übereinstimmung

- Vater und Mädchen haben ein Recht auf ihre eigene Meinung.
- Rauchen gilt als gesundheitsgefährdend, mit unmittelbaren Auswirkungen und Spätfolgen.
- Viele Mädchen rauchen in diesem Alter.
- Der Vater hat ein Recht, das Rauchen in seinem Haus zu verbieten.
- Rauchen kostet viel Geld.
- Früher oder später wird das Mädchen möglicherweise eine Entscheidung selbst treffen.

Meinungsverschiedenheit

- Hat der Vater ein Recht, die Entscheidung für seine Tochter zu treffen, bloß weil sie in seinem Haus lebt?
- Ist es schädlich, nur wenige Tage zu rauchen?
- Worum geht es eigentlich wirklich, um Zigarettenrauchen als solches oder um die Unabhängigkeit des Mädchens?
- Wird das Mädchen wirklich niemals rauchen, wenn es jetzt davor bewahrt wird?

Nebensache

- Susi's Vater duldete das Rauchen seiner Tochter.
- Der Vater hatte bereits andere Dinge verboten.
- Der Vater raucht selbst.
- Raucher fügen anderen Menschen keinen Schaden zu.
- Das Mädchen könnte sich zur Rebellin entwickeln.
- Das Mädchen würde auf jeden Fall heimlich rauchen.

Führen Sie solch eine Übung in Ihrer Vorstellung zu folgenden Situationen durch: Um dem Wettbewerb standhalten zu können, möchte ein Unternehmen eine Teilautomatisierung in der Produktion einführen – die Gewerkschaften sind dagegen; ein Junge möchte sofort nach Schulabschluß eine Arbeit annehmen, seine Eltern sind jedoch der Ansicht, er solle die Gelegenheit, die Universität zu besuchen, wahrnehmen; die Mutter möchte die Ferien zu Hause verbringen, der Vater möchte ins Ausland verreisen; ein Mitgliedstaat der OPEC möchte die Ölpreise senken, die anderen wollen das derzeitige Preisniveau beibehalten.

Der logische Ermessensraum

Stimmt jemand nicht mit Ihnen überein und sträubt sich, etwas zu tun, wovon Sie glauben, er solle es tun, sind verschiedene Einstellungen möglich. Dieser Mensch ist dumm oder bösartig oder widerspenstig. Man kann die Sache aber auch anders sehen: Dieser Mensch ist sehr intelligent und handelt innerhalb seines eigenen logischen Ermessens. Und dieser Raum seines logischen Ermessens unterscheidet sich von Ihrem. Wie die nächste Zeichnung darstellt, ist ein logischer Ermessensraum der Wahrnehmungsrahmen, innerhalb dem jemand agiert. Dieser Raum beinhaltet die Wahrnehmung von Umständen, Strukturen, Zusammenhängen und Beziehungen.

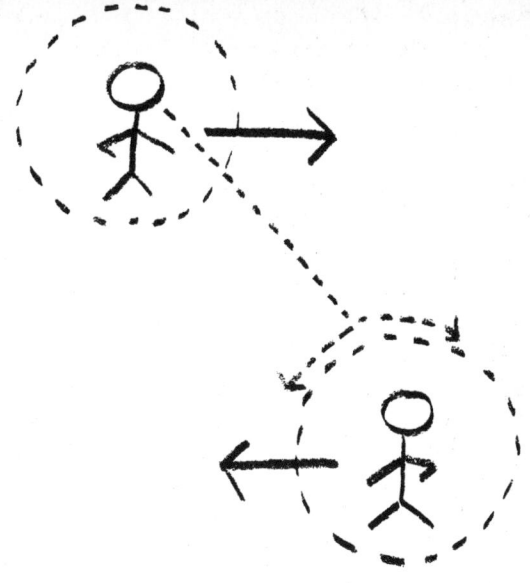

Allzu oft konfrontieren wir intelligente Menschen mit gewissen Situationen und beklagen uns dann über deren intelligente Reaktion. Nehmen wir beispielsweise die Einführung einer Neuerung in einem großen, bürokratisierten Bereich. Bemüht sich jemand darum und erleidet dabei einen Fehlschlag, so wird ihm dieser für den Rest seines Lebens nachhängen. Er kann diesen Makel auch durch spätere Erfolge nicht abschütteln, wie es vielleicht in der freien Wirtschaft der Fall ist. Zeigt die Neuerung jedoch Erfolg, wird derjenige beschuldigt, nicht schon früher daran gedacht und seine Idee in die Tat umgesetzt zu haben. Es kann auch passieren, daß man ihn nun für den »Mann mit den vielen Ideen« hält, und zwar im negativen Sinn: Sein Einfall war zwar diesmal erfolgreich, dies muß aber nicht immer so sein. Bei der Suche nach einem Abteilungsleiter wird man eher einem »soliden« statt einem »ideenreichen« Kandidaten den Vorzug geben. Aus all diesen Überlegungen heraus stellt eine Neuerung keine intelligente Tat dar – Überleben hingegen schon. Man kann jemanden deshalb für sein logisches Verhalten innerhalb dieses bestimmten logischen Ermessensraums kaum einen Vorwurf machen.

In einem Unternehmen finden sehr häufig wilde Streiks statt. Sobald der Anlaß zu einem Streik vorgeschlagen wird, erklären sich die Arbeiter mit ihren Kollegen solidarisch, und der Streik wird durchgeführt. Aus diesem Grund setzt die Gesellschaft einen kleinen Betrag als Sonderzahlung für jede volle Arbeitswoche ohne Streik aus. Im Vergleich zum normalen Wochenlohn ist der Betrag gering. Im Vergleich zu vorher verringert sich die Streiktätigkeit auf ein Sechstel. Handelt es sich hier um einen Fall von Bestechung? In Wirklichkeit findet eine Veränderung innerhalb des logischen Ermessensraums statt, sobald zum Streik aufgerufen wird. Anstatt einfach nur mitzumarschieren hat der Arbeiter nun Anlaß, nach dem »Warum« zu fragen. Er mag vielleicht noch immer die gleiche Streikbereitschaft zeigen, aber durch Veränderung seines logischen Ermessensraums verwandelt sich sein Verhalten aufgrund einer geringen Änderung, die sich im Moment der Entscheidung auswirkt.

Wahrscheinlich ist die Annahme, jeder verhalte sich innerhalb seines logischen Ermessensrahmens sehr logisch, von der Wahrheit weit entfernt. Aber als praktische Art, Dinge zu betrachten, lenkt diese Methode verdienstvollerweise das Augenmerk nicht auf die Dummheit einer Person (die schwierig zu ändern wäre), sondern auf die Umstände (die leichter zu ändern sind), innerhalb der das Verhalten recht logisch erscheint.

Der logische Ermessensraum umfaßt sowohl die tatsächlichen Umstände, in denen sich eine Person befindet, wie auch deren Auffassung von der Situation. Für gewisses Verhalten kann beispielsweise tatsächlich eine Belohnung ausgesetzt werden, aber man kann dies auch als Bestechung auslegen.

In einem Unternehmen, das mich einmal als Berater auf Zeit anstellte, um die leitenden Angestellten darin zu schulen, mehr auf günstige Gelegenheiten zu achten, machte ich den Vorschlag, einen Risikofonds einzurichten, aus dem diese leitenden Angestellten ihnen vorteilhaft erscheinende Geschäfte finanzieren konnten, anstatt ihr normales Budget dafür anzugreifen. Einer dieser leitenden Angestellten meinte, er wolle es nicht »riskieren«, von diesem Risikofonds Gebrauch zu machen, da ihm bewußt sei, daß er danach beurteilt würde, wie er das Geld einsetze. Anders ausgedrückt berücksichtigte sein logisches Ermessen die risikofeindliche Firmenpolitik, weshalb er den eigentlichen Zweck des Risikofonds ablehnte. Er gab jedoch zu, daß das bloße Vorhandensein dieses Fonds es ihm ermöglicht hatte, neue Aspekte zu sehen, deren Chancen er nun weiterverfolgen wollte, allerdings unter Verwendung seines eigenen Budgets.

Es ist in jeder Situation sinnvoll, den logischen Ermessensraum anderer Mitbeteiligter abzuschätzen. Besonders wichtig ist dies auf dem Gebiet der Motivation. Das Geschäftsmanagement betrachtet Motivation stets als lebensnotwendig, wobei diese jedoch vom logischen Ermessensraum derer abhängt, die motiviert werden sollen, und nicht vom Ermessensrahmen der Geschäftsleitung. Dasselbe gilt für Veränderungen. Wer einen Wechsel vorschlägt, ist von dessen Wert überzeugt, aber diejenigen, die die Veränderungen ausführen müssen, befinden sich in ihrem eigenen Ermessensraum, und für sie bedeutet ein Wandel meistens Risiko, Mühe und eine Statusveränderung.

Umreißen Sie zur Übung den logischen Ermessensraum der mit folgenden Situationen konfrontierten Menschen: ein Marineoffizier, der meint, sein Vorgesetzter habe ihm einen falschen Befehl erteilt, und der nun mit einer eventuellen Schiffskollision rechnet; eine Klatschkolumnistin, die eine gute Geschichte ausgräbt, bei der einer ihrer Freunde eine Rolle spielt; Darwin, als er feststellen mußte, daß Alfred Russell Wallace genau dieselbe Evolutionstheorie vorlegte, an der er selbst viele Jahre gearbeitet hatte.

Wie denken die anderen? (OPV)

Die Meinungsanalyse – ebenfalls eine Methode der Stiftung zur Förderung der kognitiven Forschung, CoRT – überschneidet sich mit den Methoden, beide Seiten zu prüfen (EBS) und den logischen Ermessensraum festzustellen. Die Abkürzung OPV steht für »Other People's Views« (anderer Leute Meinungen). Bei dieser Methode versucht der Denker, sich in die Lage anderer Menschen zu versetzen, um die Welt mit deren Augen zu sehen. Damit dient auch diese Methode der bewußten Steuerung der Aufmerksamkeit.

Das methodische Vorgehen besteht aus zwei Teilen. Der erste beinhaltet die Identifizierung der Menschen, die wirklich an der Situation beteiligt sind. Im zweiten Teil versetzt man sich in die Lage all dieser anderen Menschen. Es findet beispielsweise eine Preissteigerung bei Grundnahrungsmitteln aus landwirtschaftlicher Erzeugung statt. Untersuchen Sie hierzu die Meinung der anderen. Im ersten Teil werden die davon betroffenen Gruppen wie Bauern, Großhändler, Einzelhändler, Lebensmittel verarbeitende Betriebe, Lebensmittelkäufer, Hausfrauen, die Menschen im allgemeinen, Wirtschaftsexperten, die Regierung und so weiter ermittelt. Dann geht es darum, sich in die Denkvorgänge all dieser Gruppen zu versetzen. Der Einzelhändler mag sich vielleicht freuen, denn er wird, wenn er weiterhin den normalen Aufschlag auf den Einkaufspreis berechnet, mehr Geld einnehmen. Andererseits wird er Verluste erzielen, wenn die Kunden weniger kaufen oder auf andere Lebensmittel umsteigen. Nahrungsmittel verarbeitende Betriebe werden unter der Last der erhöhten Preise für die weiterzuverarbeitenden Produkte leiden, die sie kaufen müssen. Andererseits können sie auch davon profitieren, falls die Käufer von frischen Lebensmitteln auf billigere Fertignahrung umschwenken.

Eine Spielwarenfabrik in einer ländlichen Kleinstadt stellt fest, daß sie gegen überimportiertem Spielzeug dem Wettbewerb nur standhalten kann, wenn sie die Preise der eigenen Erzeugnisse in einem stark begrenzten Rahmen kalkuliert. Die Lebenshaltungskosten treiben die Löhne hoch, und die Arbeiter fordern Lohnerhöhungen, die vergleichbar sind mit anderen Industriezweigen. Die Gewerkschaft unterstützt diese Forderung. Eine Aufstellung der unterschiedlichen Meinungen beteiligter Gruppen könnte folgendermaßen aussehen:

Fabrikbesitzer:

- Falls die Fabrik Verluste erzielt, wird sie geschlossen.
- Die Geschäftsleitung sollte sich tüchtiger erweisen und neue Produkte finden.
- In Grundstücke oder Staatsschuldverschreibungen angelegtes Geld würde eine bessere Rendite erzielen.

Geschäftsleiter:

- Schließt die Fabrikanlage, wird auch er arbeitslos sein.
- Es ist für den Eigentümer leichter gesagt als getan, neue Produkte zu fordern: Was passiert, wenn auch sie dem Preiskampf ausgesetzt sind?
- Der Eigentümer tut sich auch leicht, eine Steigerung der Produktivität zu verlangen, wo doch die letzte Produktionssteigerung fast alle Reserven erschöpfte!
- Der Arbeiter hat den Ernst der Lage zu erkennen – entweder die Fabrik bleibt im Geschäft oder nicht.

Arbeiter:

- Sie müssen wie jeder andere auch leben. Durch die Inflation stiegen die Preise für Lebensmittel und auch andere Kosten. Eine Lohnerhöhung ist notwendig.
- Die derzeitige Gewinnspanne sollte gesenkt werden.
- Die Geschäftsleitung sollte an einem besseren Marketingkonzept und an einer attraktiveren Produktgestaltung arbeiten.
- Die Regierung sollte Importe aus Ländern mit billigen Arbeitskräften besteuern.

Gewerkschaftsfunktionäre:

- Sie werden als Vertreter der Arbeiterinteressen gewählt und müssen sich um einen gerechten Ausgleich bemühen.
- Eine Ausnahme angemessener Lohnerhöhungen in dieser bestimmten Fabrik könnte Auswirkungen auf andere Fabriken haben und die Löhne generell untergraben.

- Der Eigentümer trägt eine soziale Verantwortung, da seine Arbeiter zum Aufbau seines Unternehmens beitrugen.
- Die Geschäftsleitung sollte sich mehr anstrengen.
- Man kann Geld zur Überwindung schwieriger Zeiten aufnehmen.

Familien:

- Die Familien benötigen mehr Geld für den Unterhalt.
- Gibt es wirklich nur die Wahl zwischen weniger Lohn oder überhaupt keiner Arbeitsstelle?
- Ist es an der Zeit, sich nach einer anderen Arbeitsstelle umzusehen?
- Wird sich die Lage verbessern oder verschlechtern?
- Warum leisten die Gewerkschaften keine bessere Arbeit?
- Eine gerechte Bezahlung ist nur billig für einen ganzen Tag redlicher Arbeit.
- Ist die Drohung, die Fabrik zu schließen, Wirklichkeit oder nur ein Einschüchterungsversuch?
- Die Regierung sollte etwas gegen die billigen Importe unternehmen.

Eine weiterreichende Liste könnte die Regierung (und mit ihr den Protektionismus), Spielzeugkäufer, Spielzeughersteller und -importeure, Produzenten aus Ländern der Dritten Welt und so weiter einschließen.

Die Meinung der anderen zu berücksichtigen bedeutet *nicht,* allen Parteien hieb- und stichfeste Argumente der Art, wie man sie selbst vorbringen würde, in den Mund zu legen, ebensowenig Klagen und Vernunftwidrigkeiten um deren Meinung zu verdammen. Es ist der objektive Versuch, die Welt vom jeweiligen Standpunkt aus zu betrachten – und vielleicht etwas hinzuzufügen, was man für den tatsächlichen Gesichtspunkt hält. In anderen Worten handelt es sich hierbei um eine Mischung zwischen Standpunkt »aufgrund der Lage« und »tatsächlichem« Standpunkt (wie ihn zum Beispiel ein Reporter sieht).

Die Berücksichtigung der Meinung anderer hält nicht Ausschau nach möglichen alternativen Ansichten. (Diese Vorgehensweise beschrieb ich in einem der vorhergehenden Kapitel »Alternativen, Möglichkeiten, End-Auswahl« »APC«.) Die Betonung liegt vor allem auf bestimmten Personen in bestimmten Positionen und geht dann auf deren Standpunkte über.

Üben Sie es, sich bei folgenden Themen in die Lage der anderen zu versetzen: Ein Kind wird wegen ständiger Rauferei aus der Schule entlassen. Eine Frau beschuldigt ihre Arbeitgeber, sie würde aufgrund der Tatsache, daß sie eine Frau sei, diskriminiert. Ein Regierungsbeamter möchte einen vertraulichen Bericht, den er einem Reporter anvertraute, zurückziehen.

Der Verkaufsmanager einer Gesellschaft in öffentlichem Besitz wird belehrt, daß Bestechung in einem bestimmten Land wesentliches Geschäftsgebahren sei.

Konstruktives Planen

Die in diesem Kapitel aufgeführten kartographischen Techniken (die Prüfung beider Seiten – EBS; die Analyse nach Meinungsgleichheit, – Verschiedenheit, Nebensächlichkeit – ADI; das Abschätzen des logischen Ermessensraums; die Berücksichtigung der Meinung anderer) dienen dazu, einen umfassenderen und klareren Überblick über eine Situation zu gewähren, einen besseren Orientierungsplan zu erstellen. Dies für sich kann von beträchtlichem Wert sein. Je deutlicher und vollständiger die Karte ist, desto leichter ist es, sich zurechtzufinden.

Möglicherweise offenbart der Orientierungsplan, daß die andere Partei an einer der Streitfragen überhaupt nicht interessiert ist, da das bloße Vorhandensein der Kontroverse für sie von Wichtigkeit ist. Als Ausweg bietet sich hier an, die Streitfrage auf rituellem Niveau weiterdauern zu lassen, während die Themen von realer Bedeutung in konstruktiver Weise gelöst werden.

Der zweite Teil des »exlektischen« Vorgangs kann, wo erforderlich, die konstruktive Planung eines Ergebnisses oder Handlungsablaufs sein. In gewisser Weise stellt dies eine »Lösung« dar, aber dieses Wort betont zu sehr das Finden einer Lösung, wobei im Endeffekt doch eher eine Art zu leben oder zurechtzukommen gefunden wird.

In dieser Hinsicht unterscheidet sich konstruktives Planen in nichts von dem auf einem anderen Gebiet, geht es nun um Möbel, Flugzeuge, ein Fernsehspiel oder eine Speisenfolge. Was sind die Zutaten oder Bestandteile? Was will man erreichen? Was ist vorrangig? Welche Werte sind darin enthalten? Was sind die Handlungsbahnen, was die Zwänge? Der Vorgang des Entwerfens mag verschiedene Stufen durchlaufen, verschiedene alternative Wege beschreiten und mehrmals Rückschläge erleiden. Wie auf jedem anderen Sektor auch wird ein Entwurf erst dann als zufriedenstellend gelten, wenn diejenigen, für deren Gebrauch er bestimmt ist, ihn so einstufen.

Verhandeln

Im eigentlichen Sinn ist Verhandeln eine besondere Form des vorher erwähnten konstruktiven Planens. Aufgrund des Drucks, den man dabei ausübt, ist es dem Konfliktsystem zuzuordnen.

Zum wirklichen Verhandeln gehört ein sorgfältig ausgearbeiteter Orientierungsplan, wie in diesem Kapitel bereits vorgeschlagen. Der nächste Schritt ist das konstruktive Planen.

Wichtiger Bestandteil des Verhandelns ist der sogenannte »variable Wert«.

In Wellington in Neuseeland wurde das beste Hotel der Stadt auf einem Gelände errichtet, das nur wenige tausend Dollar gekostet hatte. Der wahre Grundstückswert für ein derartiges Hotel in Wellington wäre wohl eher bei einigen hunderttausend Dollar gelegen – vielleicht sogar bei einigen Millionen. Hier spielte der variable Wert eine Rolle. Das Hotel wurde nicht auf der Erde errichtet, sondern über einem städtischen Parkhaus. Man erwarb die Luftrechte über diesem Parkhaus, deren Wert nur gering war –

jedenfalls würden erst die Hotelgäste und sonstigen Kunden für eine Gewinnvermehrung sorgen. Für den Bauträger des Hotels war der Wert dieser Luftrechte jedenfalls sehr hoch – ein klassisches Beispiel für den variablen Wert. Am Ende einer Modesaison besitzen die Kleider einer topmodischen Boutique keinerlei Wiederverkaufswert, da dieses Geschäft es nicht wagen würde, Artikel der letzten Saison zu verkaufen. In einem anderen Teil des Landes jedoch, wo es länger dauert, bis eine Mode sich durchsetzt, würden diese Kleider einen Teil ihres Werts zurückgewinnen. Mdina-Glas, das in Malta hergestellt wird, ist von besonderer Schönheit. Laborglas muß von sehr reiner Qualität sein, um die darin durchgeführten Experimente nicht zu verunreinigen. Zwei erfinderische Menschen mit Unternehmergeist kauften zerbrochenes Laborglas in England auf (wobei sie möglicherweise noch für den Glasabtransport bezahlt wurden) und wandelten es in Mdina-Glas um.

All diese Beispiele zum variablen Wert zeigen, wie sich der Wert je nach Person oder Situation verändern kann. Daher nimmt die gute Verhandlungsfähigkeit eine so zentrale Stellung ein. Was die eine Partei unbedingt haben möchte, mag die andere vielleicht nur wenig kosten. Die Werte sind verhandelbar. Es gibt auch einen Wert-Handelsabschlag. Wenn wir auf einer Straße mit relativ hoher Geschwindigkeit fahren, nehmen wir ein gewisses Unfallrisiko in Kauf. Um eine Sache zu erreichen, müssen wir etwas anderes gelten lassen. Um bei einer Verhandlung zum Ziel zu kommen, müssen wir möglicherweise etwas anderes auf uns nehmen.

Ein sorgfältig ausgearbeiteter Orientierungsplan sowie konstruktives Planen leisten uns dabei eine große Hilfe. Werte – und ganz besonders Werte, die von Vorstellungen abhängen und bewußt wahrgenommen werden müssen – sind die wichtigste Zutat für einen Plan.

Kommunikation

Sinnvoll ist Kommunikation nur dann, wenn sie in der Sprache des Empfängers abgefaßt ist. Aus diesem Grund sind Gesetzestexte so schwer lesbar. Die in diesem Kapitel genannten Methoden zur Erstellung eines Orientierungsplans sollten nicht nur dazu angewandt werden, ein Terrain im Hinblick auf seine Lage, Geschichte, Stimmung und Werte, sondern auch in bezug auf verfügbare Konzepte aufzuzeichnen.

Es ist Vorrecht des Empfängers, darüber zu bestimmen, welche Sprache angewendet werden soll. Genau umgekehrt ist es bei Rundfunknachrichten, wo es Ihnen überlassen ist, je nach Sendung Ihr Gerät auf eine bestimmte Funkstation einzustellen.

Der logische Ermessensraum des Zuhörers schließt ihm verfügbare Vorstellungen und Wahrnehmungen mit ein. Viele Nachrichtenvermittler unterliegen dem groben Fehler anzunehmen, daß nur noch unbeholfene Gefühle übrigbleiben, wenn ein ausgefeiltes Begriffsrepertoire fehlt (das dem des Kommunikationsübermittlers nicht ähnelt oder zusagt). Einfache Vorstellungen, wie sie von Kindern gehegt werden, können sehr kompliziert und subtil sein. Tatsächlich kann ein simples Konzept subtiler sein als ein kompliziertes. Komplexe Begriffe werden häufig in Unter-Begriffe aufgeteilt, wohingegen einfache Vorstellungen sehr viel beinhalten müssen. Vergleichen Sie beispielsweise die kindliche Vorstellung von Ursache und Wirkung mit der eines Wissenschaftlers, die sehr viel einfacher ist (die statistische Wahrscheinlichkeit eines Zusammenhangs über die Zeit gesehen). Erwachsene neigen stets zur Annahme, Kinder hätten vereinfachte Erwachsenen-Vorstellungen. Statt dessen haben sie jedoch komplizierte kindliche Vorstellungen.

8. Emotionen und Werte

Am Ende ist jedes Denken emotional. Und so sollte es sein.

Jede Entscheidung, jede Wahl und jeder Handlungsverlauf wird im Endeffekt von Emotionen, Gefühlen und Werten bestimmt. Zweck des Denkens ist, uns in unserem menschlichen Dasein beizustehen, und Gefühle sind der beste Richter über die Wirksamkeit dieser Unterstützung.

Etwas wichtiges ist dabei jedoch zu bedenken. Setzen wir zuerst unsere Emotionen ein und lassen sie über unsere Wahrnehmung und unser Denken bestimmen? Oder nehmen wir zuerst wahr und überlassen die endgültige Entscheidung unseren Emotionen?

Innerste Gefühle und Denken

Manche Leute vertreten die Ansicht, Denken sei Zeitverschwendung und nur die Gefühle tief im Inneren des Menschen seien von Bedeutung. Dahinter verbirgt sich die ernüchternde Wirkung gezielten Denkens; es nimmt die Illusion. Das Denken scheint dazu zu dienen, Rätsel zu lösen oder intellektuelle Wortspiele zu betreiben, die nur für Philosophen von großem Interesse sind, für die reale Welt aber mehr oder weniger nutzlos. Immer wieder wurde das Denken dazu eingesetzt, Handlungen rational zu begründen und zu rechtfertigen, die sich im nachhinein als unmenschlich oder verheerend erwiesen. Das Denken gilt wie die Mathematik auch als ein Mittel, das der erfolgreichen Geschäftstätigkeit und dem Militärwesen ebenso dient wie jedem anderen auch. Das Denken der Politiker wird eher als Rechtfertigung ihrer fortdauernden Machtposition gesehen denn als Verbesserung und Fortschritt in der Gesellschaft. Innerste Gefühle und menschliche Werte gelten als zuverlässiger.

Ein großer Teil dieser Ernüchterung richtet sich gegen die »intellektualisierende« Art des Denkens, die nur um ihrer selbst willen vorhanden zu sein scheint. Diese Art zu denken beschrieb ich im Abschnitt »Die Intelligenzfalle«, wo der Gedanke eine bestimmte Haltung oder Einstellung rechtfertigen soll. Dieses Denken wird in endlosen Debatten, beim Argumentieren und beim Ringen um irgendwelche Punkte praktiziert. Und es wird bei philosophischen Wortspielen eingesetzt. Auch ich bin, wie jeder andere auch, von dieser Art des Denkens enttäuscht. Sie hat ihren Wert, aber in nur geringem Ausmaß. Der größte Teil des Denkens muß einerseits von gesundem Menschenverstand geprägt, robust und alltäglich, andererseits objektiv und nur auf Effektivität gerichtet sein.

Innerste Gefühle und Emotionen zur abschließenden Beurteilung über Wahlmöglichkeiten sind schon recht. Zur Gefahr entwickeln sie sich erst dann, wenn wir sie an die erste Stelle setzen und sie als Denkersatz verwenden. Für die betroffene Person scheinen im entsprechenden Augenblick innerste Gefühle stets wahrhaft, ehrlich und gut für die Gesellschaft. Wir dürfen jedoch nicht vergessen, daß in der Geschichte der Menschheit lächerliches und unmenschliches Verhalten ebenfalls durch innerste Gefühle ausgelöst wurde. Verfolgungen, Kriege, Lynchmorde und dergleichen mehr entstanden alle durch Gefühlsexplosionen tief im Inneren. Zweifellos unterlagen sie, wie unsere Zivilisation insgesamt, auch einer positiven Veränderung, den Emotionen aber die Aufgabe anzuvertrauen, unser Denken zu übernehmen, erscheint mir äußerst gefährlich und unverantwortlich. Zum einen scheinen innerste Gefühle Gewaltausbrüche in Form von Meinungszusammenstößen und Revolutionen zu bevorzugen. Vielleicht folgt ein Teil unseres Gehirns noch immer dem einfachen Verhaltensmuster von Tieren?

Ich befürworte innerste Gefühle als Abschluß unseres Denkvorgangs, jedoch keinesfalls als Ersatz dafür. Ich möchte hier auch den »Sinn für Humor« als eines unserer innersten Gefühle anführen, die ohne ihn viel zu feierlich wären.

In meinen Augen ist Zweck des Denkens, unsere Sicht der Welt so auszurichten, daß wir unsere Emotionen schließlich sinnvoll einsetzen können.

Es gibt natürlich noch einen anderen Grund, warum wir das Denken fliehen und uns den Gefühlen tief in unserem Inneren, der Astrologie und anderen Determinanten unseres Handelns zuwenden. Die Welt wird mittlerweile so schwierig und vielgestaltig, daß ein Nachdenken und Ergründen unmöglich erscheint. Wenn all die gelehrten Wirtschaftsexperten sich über Inflation streiten und derart uneins sind, daß ein Außenstehender nur annehmen kann, ihr Wissen sei sehr klein, wie soll dann der Wähler die wirtschaftliche Basis für seine Wahlentscheidung herausfinden können? Das Problem des Wählers ist ernster als das der Wirtschaftswissenschaftler: Es scheint notwendig, daß man dem Denken als Fähigkeit, die man erlernen kann, im Schulunterricht und auch sonst (auch für Wirtschaftswissenschaftler) mehr Aufmerksamkeit schenken sollte.

Drei mögliche Arten von Emotionen

Die folgenden Zeichnungen zeigen drei Möglichkeiten, wie Emotion und Wahrnehmung ineinandergreifen. Ich ziehe hier das Wort »Wahrnehmung« dem Wort »Denken« vor, da ich während des ganzen Buches zu betonen versuchte, daß Wahrnehmung in der Praxis mit Denken identisch sei.

Bei der ersten Zeichnung ist die Emotion von Anfang an vorhanden – sogar vor Eintreten einer bestimmten Situation. Dies entspricht *blinder* Wut oder Panik. Sie kann auch in einem bestimmten Zusammenhang auftreten – noch bevor die Einzelheiten der Situation sichtbar sind, wie es bei Aggression, Eifersucht oder Haß der Fall ist. Wir nennen dies »blinde Emotion«.

Die zweite dargestellte Situation ist die am häufigsten vorkommende. Wir überprüfen sie kurz, nehmen sie wahr. Wir erkennen einige Muster. Dadurch wird unsere Emotion ausgelöst. Ab hier wird unsere Wahrnehmung eingeschränkt und durch diese Emo-

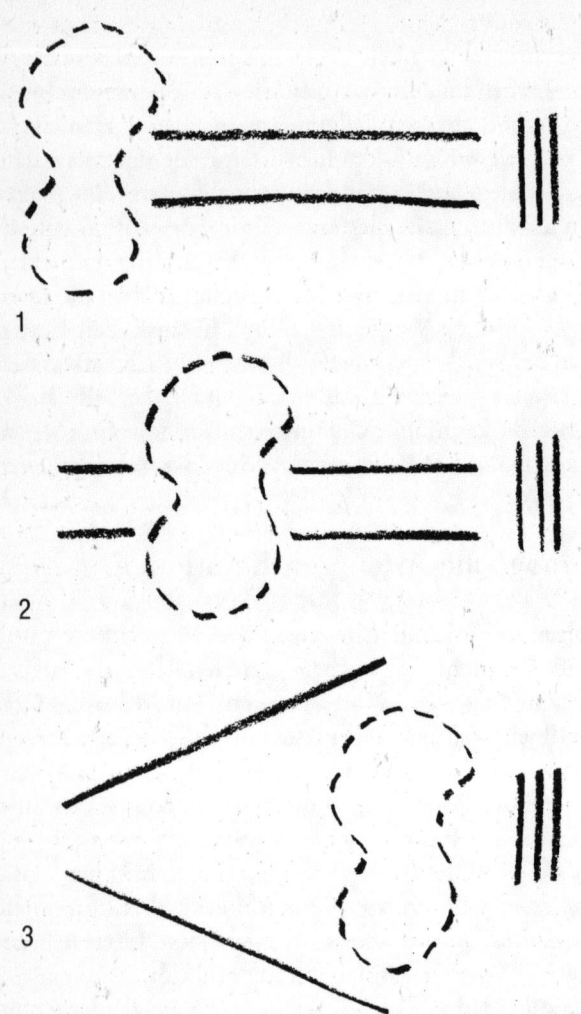

tion in bestimmte Bahnen geleitet. Wenn Sie versuchen, eine faulig aussehende Flüssigkeit als Getränk anzubieten, werden Sie beobachten, daß die meisten Menschen ihre Nase rümpfen und das Angebot ablehnen werden. Eine Person mit zugebundenen Augen hingegen wird das Getränk probieren und – richtigerweise – als Orangensaft erkennen. Die anfängliche Wahrnehmung durchdringt unsere Gefühle, woraufhin diese unser Handeln bestimmen.

Die dritte aufgezeichnete Situation zeigt die Idealvorstellung. Ein gründliches und gelassenes Erforschen der Situation findet statt, am Ende wirken die Emotionen ein und treffen die endgültige Entscheidung und bestimmen den Handlungsverlauf. Dies ist das Modell, für das ich in diesem Buch plädiere. Stellen Sie zuerst Nachforschungen an mit Hilfe der vorgestellten Methoden (plus, minus, interessant – PMI; das Bedenken aller Faktoren – CAF; Alternativen, Möglichkeiten, End-Auswahl – APC; die Prüfung beider Seiten – EBS; die Analyse nach Meinungsgleichheit, – Verschiedenheit, Nebensächlichkeit – ADI; die Berücksichtigung der Meinung anderer – OPV). Treffen Sie dann Ihre Wahl oder Entscheidung, wobei diese auf Überleben, eigennützigen Bedürfnissen, Erfolg oder sonstigem Eigeninteresse basieren können. Sie alle beruhen auf Emotionen.

Vor einigen Jahren half einer meiner Freunde einer Dame, die von einem Motorrad angefahren worden war und alleingelassen blutend am Straßenrand lag. Während er sich über die Verletzte beugte, kam ein anderer Motorradfahrer hinzu und schlug meinem Freund mit der Faust ins Gesicht, worauf dieser bewußtlos zusammenbrach. Was war geschehen? Dieser zweite Motorradfahrer dachte, mein Freund habe die Dame zusammengeschlagen. Dies löste gewisse Emotionen in ihm aus, auf die er entsprechend reagierte.

Hier sind wir an einem wesentlichen Punkt angelangt. Wenn wir glauben, wir würden unseren innersten Gefühlen entsprechend handeln, durchwandern wir gewöhnlich dennoch eine kurze Wahrnehmungsphase, während der wir eine Situation auslegen. Diese Phase müssen wir ausdehnen und dabei unser Denken intensiv einsetzen.

133

In Fällen von »blinder Emotion« können wir sehr viel weniger tun. Eifersucht ist eine höchst merkwürdige Emotion, da sie keinen eigentlichen Überlebenswert (wie andere Emotionen) zu haben scheint, es sei denn auf sexueller Basis. Ist jemand auf eine andere Person eifersüchtig, wird er jegliches Handeln oder Tun negativ auslegen. Eifersucht ist interessanter als die meisten Emotionen, und eine genaue Untersuchung ihrer Ursache und Wirkung wäre recht lohnend.

Gefühlswandel

Können Wahrnehmungen denn Gefühle ändern? Viele glauben, daß die Wahrnehmung oder das Denken keinen wirklichen Einfluß auf die Gefühle besitzen. Der Versuch mit dem Orangensaft deutet darauf hin, daß ein Wandel unmöglich ist. Stellen Sie sich nur einen Mann vor, der mit einer Frau streitet, die dabei in Tränen ausbricht. Der Mann fühlt sich als Unterdrücker und ist nahe daran, in einigen Punkten nachzugeben – bis ihm ein Freund zuflüstert, er werde das Opfer emotionaler Erpressung. Sofort wandelt sich seine Einstellung. Die Bemerkung seines Freundes veränderte seine Wahrnehmung oder Art, die Dinge zu sehen – und dabei gleichzeitig seine Gefühle. Eine Frau hat das Gefühl, sie müsse für ihre alternden Eltern sorgen und könne deshalb nicht heiraten. Ein Freund erzählt ihr daraufhin, sie mache sich selbst zum »Opfer«, worauf sich sofort ihre Einstellung und Gefühle ändern.

David Lane wendete die CoRT-Denklektionen im Jugendstrafzentrum von Hungerford an und berichtete mir dann über deren Auswirkungen auf die gewalttätigen Jugendlichen. Vor dem CoRT-Unterricht neigten die Jugendlichen zu gewaltsamem Verhalten auf die Frage nach der Gesellschaft im allgemeinen und nach ihrer eigenen Stellung darin. Die Frage löste in ihnen Emotionen aus, auf die eine Reaktion folgte. Nach den CoRT-Lektionen hatten sie einen gewissen Stolz entwickelt und sahen sich selbst als denkende

Menschen. Es trat also eine Pause zum Denken ein statt einer überstürzten Reaktion. Sie räumten dem Denken mehr Zeit ein und gestanden ihm Objektivität zu. Auch Edna und Bill Copley berichteten von einer ähnlichen Erfahrung mit der CoRT-Methode in einem Waisenhaus.

Denken kann Gefühle ändern, insbesondere das wahrnehmende Denken, das es uns ermöglicht, Dinge in einem anderen Licht zu sehen. Wie wirksam die PMI-Methode ist, schilderte ich bereits in diesem Buch: Ich zeigte, wie einfaches Denken die Gefühle von Kindern wandelte, die anfangs den Vorschlag begrüßt hatten, für den Schulbesuch bezahlt zu werden.

In einem der nächsten Abschnitte werden wir sehen, wie gewisse »wertbeladene« Worte Wahrnehmungen und Gefühle ändern können. Einer Gruppe Arbeiter wird ein neuer Vorschlag zur Beilegung eines Industriestreits gemacht. Anfangs neigen sie dazu, ihn anzunehmen – dann wird er als Bestechung oder übler Trick gebrandmarkt, und die Gefühle ändern sich allmählich.

Werte

Werte sind das Bindeglied zwischen Ereignissen und unseren grundlegenden Emotionen. Sie wandeln Ereignisse in Angelegenheiten um, für die wir starke Gefühle entwickeln. Werte sind der wichtigste Bestandteil der Zivilisation. Werte machen jede Zivilisation selbstsüchtig, habgierig, aggressiv; sie wandeln aber auch kurzsichtiges Verhalten in sozialen Zusammenhalt um, der das Leben für alle verbessert und die Schwachen umsorgt. Die christliche Religion zeigt deutlich die erstaunliche Kraft von Werten, die normale menschliche Gefühle umkehren. Märtyrer erlitten Schmerzen und gaben ihr Leben freiwillig hin zur Ehre und zum Ruhm Gottes. Den Feind sollte man lieben. Den Armen sollte man Mitleid entgegenbringen. In all diesen Fällen gelang es dem Wertesystem, Emotionen in andere Emotionen umzuwandeln.

Die vier folgenden Werte-Typen vereinfachen die Betrachtung:

Ich-orientierte Werte:

Ego, Status, Eigenbedeutsamkeit, Erfolg, Überleben, Freude, Selbstverwöhnung und so weiter.

Nächsten-orientierte Werte:

Von der Gruppe akzeptiert zu sein, einer Gruppe zugehören, als Mitglied der Gruppe handeln, die Werte der Gruppe annehmen, die Gruppe nicht im Stich lassen.

Moralische Werte:

Religiöse Werte, gesellschaftliche Bräuche, Sitten, Gesetzesachtung, allgemeine Werte eines bestimmten Kulturkreises (die oft als absolut gelten, aber von Kultur zu Kultur stark variieren).

Menschheits-orientierte Werte:

Umweltschutz (relativ neu), Umweltverschmutzung, Besorgnis um die Atomkraft, generelle Sorge um die ganze Welt und die Menschheit; ferner die Menschenrechte und die menschlichen Grundwerte, die über die Kulturen hinausgehen.

Hohe Werte und geringe Werte

Eine nützliche Technik, um die Aufmerksamkeit zu steuern, ist der Versuch, situationsbezogene Werte in »hohe Werte« und »geringe Werte« aufzuteilen. Diese Technik ist wiederum eine CoRT-Methode. Allgemein kann man sagen, daß die hohen Werte eine Handlung bestimmen und die geringen Werte dabei zu berücksichtigen sind. Denken Sie nur an einen Kostenengpaß in einem Industrieunternehmen. Die Zahl der Angestellten und Arbeiter wird verringert. Ein Abteilungsleiter wird unter Druck gesetzt, einen Assistenten zu entlassen, der ihm fünfzehn Jahre zur Seite stand. Welche Werte spielen hier eine Rolle? Folgende Liste könnte zusammengestellt werden:

Hohe Werte:

Furcht davor, selbst als Abteilungsleiter seinen Arbeitsplatz zu verlieren, wenn er der Forderung nicht nachkommt; Furcht vor einem Zusammenbruch des Unternehmens; Furcht, er würde nicht befördert werden; Loyalität gegenüber seinem Assistenten; das Egobedürfnis nach Erfolg sowie als erfolgreich zu gelten.

Geringe Werte:

Die Peinlichkeit, den Mann fallen zu lassen; Furcht vor dem Gerede der Leute; Abneigung gegenüber dem eigenen Vorgesetzten; die Kosten für die Abfindungszahlung; die Auswirkungen auf die Moral der anderen Arbeiter.

Diese Übung ist schwierig. So kann man zum Beispiel in der oben beschriebenen Situation die Loyalität gegenüber dem Untergebenen entweder als hohen oder als geringen Wert einstufen. Sie kann hoch eingeschätzt werden, aber in Zusammenhang mit der Arbeit kann sie leicht durch andere Werte aufgehoben werden, da »Effizienz« als der maßgebende Wert in diesem Zusammenhang gelten kann.

Eigentlich basiert die Übung auf der »Geschichte vom Apfelsortieren«. Ein Bauer in Frankreich geht morgens auf den Markt. Er bittet seine zwei Söhne, während seiner Abwesenheit einen großen Haufen Äpfel in große und kleine Äpfel aufzuteilen. Sie sind den ganzen Tag damit beschäftigt, sorgfältig abzuwägen, welcher Apfel nun groß und welcher klein ist. Der Bauer kehrt zurück und schüttet beide Apfelhaufen wieder zusammen. Die Söhne sind wütend darüber, ihre Zeit verschwendet zu haben. Daraufhin erklärt ihnen der Bauer seine eigentliche Absicht, ihre volle Aufmerksamkeit auf die Äpfel zu richten, so daß die schlechten darunter aussortiert würden – was in der Tat auch geschehen war. Die Unterscheidung »groß oder klein« erfordert sehr viel mehr sorgfältiges Untersuchen als die bloße Suche nach faulen Äpfeln. Deshalb ist die Übung der hohen und geringen Werte eigentlich die Anweisung, die vorhandenen Werte sehr sorgfältig im Zusammenhang mit der entsprechenden Situation zu prüfen.

Ein Lehrer untersagt das Naschen von Süßigkeiten im Klassenzimmer. Ein Junge beobachtet, wie sein Nachbar Süßigkeiten ißt – sollte er ihn verpetzen?

- Nehmen wir einmal an, eine Fensterscheibe sei zerbrochen, und der Junge kennt den Schuldigen.
- Nehmen wir einmal an, es wurde in letzter Zeit viel gestohlen, und der Junge kennt den Dieb.
- Nehmen wir einmal an, Sie lebten in einem Polizeistaat, und Ihr Nachbar gewährt einem von der Polizei gesuchten Dissidenten Unterschlupf.
- Nehmen wir einmal an, im Land herrsche Hungersnot, und Ihr Nachbar hamstert Lebensmittel.
- Nehmen wir einmal an, Sie geben Informationen über eine Terroristenbande weiter.
- Nehmen wir einmal an, Sie seien Mitglied einer Bande und verraten diese.
- Nehmen wir einmal an, Sie seien ein bezahlter Polizeispitzel.
- Nehmen wir einmal an, Sie erzählten heimlich und anonym einem Klatschkolumnisten Geschichten über Ihre Freunde.

Es ist sehr interessant zu beobachten, wie bei einer Gruppe von Menschen der Vorgang des »Verrats oder Informierens« im einen Moment zu Respekt veranlaßt und im anderen zur Schande wird. Dies ist ein leicht nachvollziehbares Beispiel für das Aufeinanderprallen von Werten. Es ist auch ein gutes Beispiel für die Wichtigkeit von Zusammenhang und Heuchelei. Verabscheuen wir ein fremdes Regime (möglicherweise mit Recht), so ist jede Art von Verrat in diesem Regime verhaßt. Handelt es sich um unsere eigene Gesellschaft, so gibt es Zeiten, zu denen ein Weiterreichen von Informationen nicht nur respektiert wird, sondern soziale Pflicht ist. In ähnlicher Weise würde uns der Gedanke an Menschen mißfallen, die ihre Freunde ausspionieren, ganz besonders, wenn wir selbst dazugehören, aber gleichzeitig genießen wir es, solche Hinterhältigkeiten in den Klatschspalten zu lesen. Situationen nach hohen und geringen Werten einzuteilen ist recht interessant; der Konflikt zwischen den Ich-Werten, den Nächsten-Werten und den Moral-Werten hört nie auf.

Wertbeladene Wörter

Die bloßen Worte »Petzer« und »Informant« sind mit einem stark negativen Wert beladen. Vielen der von uns verwendeten Wörter haftet ein stark negativer Wert an.

Ich gehe sogar so weit zu behaupten, daß mehr als drei Viertel unseres öffentlichen Denkens nur danach strebt, sobald wie möglich wertbeladene Worte anzubringen und ein Argument damit zu stützen.

Wenn Sie einen Leitartikel einer durchschnittlichen Zeitung lesen oder einer durchschnittlichen politischen Rede zuhören, werden Sie feststellen, daß lediglich ein dünnes Netz rationaler Argumente eine schwere Last wertbeladener Worte trägt.

Es gibt positive Reizwörter wie: moralische Schuld, Gerechtigkeit, Ehre, faires Spiel, Freiheit, Pressefreiheit, Beständigkeit, Menschenrechte, aufrichtig, direkt, aufgeschlossen und so weiter.

Und es gibt negative Reizwörter, die sehr viel zahlreicher sind: störrisch, hinterhältig, verschlagen, clever, trügerisch, wohlmeinend, fehlgeleitet, egoistisch, manipulierbar, ichbezogen, Aufmerksamkeit heischend, popularisierend, oberflächlich, Kapitalist, Sozialist, engstirnig, wechselhaft und so weiter. Sie unterscheiden sich stark von gezielt negativen Wörtern wie »dumm« oder »inkompetent«, die aufrichtige Urteile darstellen. Die Gefahr lauert eigentlich hinter den spöttelnden Wörtern, die man so nebenbei erwähnt, und die dennoch ihren Wert mit sich tragen. Ein gutes Beispiel hierfür ist der Ausdruck »in der wohl gemeinten Absicht«, der positiv klingt, jedoch im negativen Sinn angewandt wird.

Die folgende Passage stammt aus einem Bericht, der den Wert der charismatischen Bewegung in der Entwicklung der christlichen Religion beschreibt:

»Die Aufgeschlossenheit der christlichen Religion für Entwicklung und Wachstum hält eine kreative Spannung aufrecht, die den Glauben lebendig bewahrt.«

Die Wörter »Aufgeschlossenheit«, »Entwicklung«, »Wachstum«,

»kreativ« und »lebendig« sind alle wertbeladen und haben einen Aufwärtseffekt.

In Kalifornien diskutierte ich einmal mit einem Psychologen, warum meine Haltung provokativ wirkte durch meine Aussage, daß die gesamte post-Freud'sche Betonung des Tiefschürfens zur Analyse des »wahren Ichs« und des »eigentlichen Grunds für Verhalten« möglicherweise in die falsche Richtung ginge. Ich deutete an, daß eventuell die an der Oberfläche in Erscheinung tretende Persönlichkeit, die Maske, die sich jemand übergezogen hatte, die wesentliche sei, um so der Welt entgegenzutreten. Interessant dabei war, daß die Diskussion fast nicht möglich war, da alle Worte, die ich gebrauchte, einen eigentlich negativen Wert aufwiesen: Oberfläche, oberflächlich, Maske, errichtet, äußerer Anschein. Alle Wörter, die der Psychologe verwendete, trugen einen positiven Wert in sich: das wahre Ich, die zugrunde liegende Natur, das wirkliche Ich, tiefe Wahrheit, Hauptursache einer Handlung, versteckte Ursachen. Der Grund dafür ist, daß wir diese Worte der Sprache Freud's selbst entliehen haben (so sehr sind wir damit vertraut).

Genau das gleiche geschieht, wenn Sie darüber diskutieren, einen Angestellten in eine Position zu befördern, in der er nicht nur glücklich sein, sondern auch sein Bestes geben wird. Alle Wörter, die Sie dabei verwenden, werden letztendlich wie »Manipulationen« klingen, was zurecht einen negativen Inhalt aufweist. Auch wenn Sie den Angestellten selbst entscheiden lassen und ihn selbst sogar über seinen Tätigkeitsbereich bestimmen lassen, wird stets mitschwingen, daß Sie es zu Ihrem eigenen Besten und nicht zum Besten des Angestellten tun, und deshalb ist es Manipulation.

Es ist angsterweckend, wie viele Themen wir nicht diskutieren können, weil die dabei verwendeten Wörter so vergiftet sind von Wertvorstellungen, daß alles, was wir vorbringen, mit Vorurteilen behaftet ist. Wenn Sie versuchen, etwas schwieriges in einfacher Weise zu erklären, werden Sie als »verallgemeinernd« abgestempelt, was ein sehr bequemes, allumfassendes, spöttelndes Wort ist.

Zur Übung ist es nützlich, eine politische Rede oder den Leitartikel einer Zeitung (oder noch besser Leserbriefe) durchzugehen und mit einem Farbstift alle wertbeladenen Worte, die darin vorkommen, anzustreichen. Das Endergebnis wird die meisten überraschen.

Von all den wertbeladenen Worten sollten noch gesondert jene erwähnt werden, die den speziellen Wert beinhalten, wichtig zu klingen und nur wenig zu besagen: besorgt um; Aufmerksamkeit richten auf; am Herzen liegen; einer Sache nachgehen; ein gewisser Fortschritt. Sie werden hauptsächlich in der politischen Sprache verwendet und sollen groß klingen, wenn eigentlich kein wirkliches Versprechen oder keine Zusage gemacht werden kann.

Bewußtsein

Die Prüfung der Werte ist eine Bewußtseinsübung. Es geht darum, sich der Werte bewußt zu werden, die einer Situation anhaften, um den Wertekonflikt; um die Werte, die von den Mitbeteiligten wahrgenommen werden, und den Ursprung dieser Werte. Überdenken Sie die Werte, die in den folgenden Situationen eine Rolle spielen: ein Erfinder, der einen Webstuhl entwirft, der dreimal so schnell wie die bisherigen arbeitet; ein Angestellter, der weiß, daß sein Vorgesetzter bestechlich ist, aber ebenso weiß, daß dieser Vorgesetzte eine sehr hohe Meinung von ihm hat; Streiks öffentlicher Verkehrsmittel; ein Arzt, der für eine lebensrettende Operation sehr hohe Gebühren berechnet; eine Regierung, die innerhalb der Landesgrenzen Patentrechte für Drogen abschafft; ein Politiker, der aus seiner Partei austritt und zu einer neuen überwechselt. Die wichtigste Übung überhaupt ist, wie schon vorgeschlagen, eine Überprüfung von schriftlichen oder gesprochenen Texten vorzunehmen, um dann die wertbeladenen Worte herauszuziehen. Sie werden überrascht sein: Was man bei oberflächlicher Betrachtung reiflicher Überlegung zuschreiben würde, entpuppt sich bei der genauen Analyse der gewählten Ausdrucksweise als ein geschicktes Flechtwerk wertbeladener Worte.

9. Entscheidungen treffen

Entscheidungen zu treffen ist stets eine praktische Angelegenheit, und ich werde sie als solche behandeln.

Der Umfang einer Entscheidung verhält sich stets proportional zur Unzulänglichkeit ihres Anlasses.

Ist genügend Information vorhanden, so übernimmt sie die Entscheidung für uns, und wir sind dann als Menschen überflüssig. Wir werden nur zur Entscheidung aufgerufen, wenn eine Informationsanalyse nicht ausreicht, das heißt, wenn wir Vermutungen anstellen oder raten oder menschliche Werte und Emotionen einsetzen müssen. Das menschliche Element bei Entscheidungen ist daher notwendig. Letztendlich sind alle Entscheidungen emotional.

Deshalb werde ich hier recht gewöhnliche Entscheidungen behandeln und und nicht die Art, bei der verschiedene Faktoren erst ökonometrische Modelle durchlaufen müssen. Sogar solche Entscheidungen werden am Ende zu ganz gewöhnlichen menschlichen Entscheidungen.

Die nächste Zeichnung zeigt einen ganz bestimmten Spielstand im L-Spiel. Einer der Spieler kann durch einen einzigen Zug gewinnen. Wie bereits früher erklärt, schreiben die Spielregeln vor, daß jeder Spieler eine L-förmige Figur hat, mit der er sich auf leeren Feldern bewegen kann. Danach steht es dem Spieler frei, eines der beiden neutralen Steinchen zu bewegen. Ziel des Spiels ist, die L-förmige Figur des Gegners zu blockieren, so daß er kein freies Feld mehr erreicht.

Die für das L-Spiel erforderliche Entscheidungsart ist sehr einfach, da ihr Wert überschaubar ist: entweder gewinnt man so das Spiel oder aber nicht. Bei fast allen Entscheidungssituationen liegt die Schwierigkeit darin, daß der Entscheidungswert erst in der Zukunft festgestellt werden kann – nachdem die Entscheidung bereits getroffen ist. Beim L-Spiel muß eine große Anzahl von

Alternativen gefunden und gegeneinander abgewägt werden, diese aber sind wiederum in ihrer Zahl beschränkt. Bei anderen Entscheidungen limitiert lediglich unsere Vorstellungskraft die Anzahl alternativer Möglichkeiten.

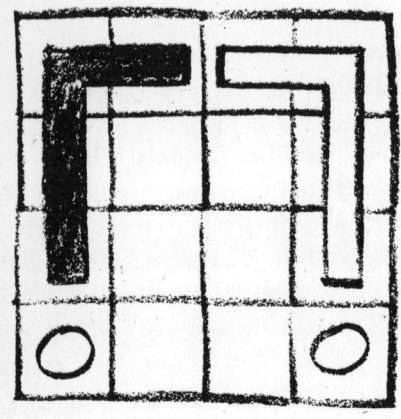

Der Entscheidungsrahmen

Er weist der Entscheidung von vornherein Situation und Hintergrund zu. Worin besteht der Zusammenhang? Um was für eine Situation handelt es sich, in der eine Entscheidung zu treffen ist: eine Situation der Ruhe, der Panik, des Konflikts, ist sie überschattet vom Wettbewerbsdruck? Weshalb muß überhaupt eine Entscheidung gefällt werden? Wird die Entscheidung aufgeschoben, löst sich die Angelegenheit dann von selbst oder geht dadurch eine Gelegenheit verloren? Besteht ein Druck, die Entscheidung zu fällen? Ist dieser Druck selbstauferlegt, geht er von Außenstehenden aus oder ist es ein freundschaftlicher Rat?

Wie sieht der zeitliche Rahmen für die Entscheidung aus? Diese Frage gilt sowohl für die Entscheidung selbst wie auch für ihre Auswirkungen. Ist die Entscheidung heute, in diesem Monat, diesem Jahr, im nächsten Jahrzehnt zu treffen? Wann zeigen sich die Auswirkungen der Entscheidung, in den nächsten Wochen oder in den nächsten zwanzig Jahren (wie zum Beispiel beim Erwerb neuer Stromkraftwerke)?

Um welchen Typ von Entscheidung geht es? Bedeutet die Entscheidung eine Anpassung oder einen Richtungswechsel oder gar völligen Umschwung? Dient sie dazu, etwas zu unterbinden oder etwas in Bewegung zu setzen? Hängt ihre Durchführung stark von anderen Menschen ab oder kann sie direkt von denen, die darüber befinden, gefällt werden? Ist sie unwiderruflich oder kann sie rückgängig gemacht werden, wenn sich kein Erfolg einstellt? Handelt es sich um eine von vielen Entscheidungen oder um eine, die den Verlauf von allem, was nachfolgt, festschreibt? Sind die Personen, die diese Entscheidung treffen, auch wirklich dazu in der Lage?

Diese ganze Fragenliste können wir zusammenfassen in Zusammenhang, Notwendigkeit, Zeitrahmen und Typ.

Alternativen schaffen

Einige Alternativen sind offensichtlich, andere müssen erst durch kreatives Denken entdeckt – oder entworfen – werden. Zumindest ist eine gewisse bewußte Anstrengung erforderlich, um Alternativen zu schaffen, die über die augenfälligen hinausgehen. Fällt man eine Entscheidung, muß man jedoch praktische Abstriche machen. Auf die äußerste Alternative zu hoffen ist unrealistisch. Die Notwendigkeit, alternative Möglichkeiten zu finden, behandelte ich bereits ausführlich in einem früheren Kapitel dieses Buchs – eine Wiederholung an dieser Stelle erübrigt sich also. Es genügt die Feststellung, daß es immer nützlich ist, nochmals von vorne zu beginnen und zu versuchen, weitere Alternativen zu entdecken, wenn eine Entscheidung Schwierigkeiten verursacht.

Werte und Vorrangigkeit

Diese lassen sich im voraus bestimmen. Vorrangigkeiten können manchmal als Werte erscheinen und manchmal als nachgeordnete

Ziele (Dinge, die man erreichen möchte). Werte und Vorrangigkeiten sind in den zehn nachstehend erläuterten Entscheidungsmethoden ineinander verflochten.

Die Würfelmethode

Stellen Sie eine Liste alternativer Möglichkeiten auf und lassen Sie den Würfel darüber entscheiden, welche nun Gültigkeit haben soll. Dies mag zwar recht bizarr, unvernünftig und unmöglich erscheinen, doch beinhaltet diese Methode einen gewissen Sinn. Die Last der Entscheidung wird »jemand anderem« auferlegt. Hier ist es die Augenzahl des Würfels, in anderen Fällen sind es die Sterne, ein Handleser, das Schicksal und so weiter. Die zugrunde liegende Absicht ist sehr einfach.

Was ist wichtiger, die richtige Entscheidung zu treffen oder mit der eigenen Entscheidung glücklich zu sein?

Psychologen haben schon längst erkannt, daß die Menschen dazu neigen, sich an Entscheidungen zu gewöhnen und sie zu rechtfertigen, sobald sie einmal gefällt wurden. Aus diesem Grund entbehrt die Würfelmethode nicht einer gewissen Logik. Treffen Sie die Entscheidung und beginnen Sie dann, am Ergebnis Wohlgefallen zu finden.

Die Würfelmethode ist durchaus ernst zu nehmen, da es in manchen Situationen wichtiger ist, »eine Entscheidung in die Tat umzusetzen« als die richtige Entscheidung auszuwählen.

Ein reicher Onkel stellt Ihnen folgende Geburtstagsgeschenke zur Auswahl:

1. ein neues Paar Schuhe;
2. einen Theaterbesuch;
3. ein Essen in einem Restaurant gemeinsam mit Freunden Ihrer Wahl;
4. sechs Bücher oder Schallplatten Ihrer Wahl;
5. für drei Stunden einen Rolls-Royce;
6. eine Sofortbildkamera.

Lassen Sie zur Übung einen Würfel rollen, schauen Sie nach, wieviele Augen er zeigt, und stellen Sie fest, ob Sie mit dieser Entscheidung glücklich sind.

Die Methode des bequemsten Wegs

Man muß Entscheidungen nicht nur treffen, sondern letztendlich sich auch danach richten, wobei einige Alternativen viel leichter auszuwählen und entsprechend zu befolgen sind als andere. Die Methode des »bequemsten Wegs« betont dies. Welche ist die einfachste unter den zur Auswahl stehenden Möglichkeiten? Dies ist von Person zu Person verschieden – die Wahl wird also subjektiv sein. Hat man einmal die Wahl des bequemsten Wegs getroffen, strengt man sich an, diese Entscheidung zu untermauern und zu rechtfertigen. Hierbei handelt es sich um eine *bewußte, positive* Bemühung. Scheint die Wahl am Ende dieser Anstrengung annehmbar, kann man mit der Durchführung beginnen. Scheint sie immer noch nicht akzeptabel, wird eine andere Entscheidungsmethode erforderlich.

Ein Mädchen entdeckt, daß ihr Freund ihre beste Freundin bat, mit ihm auszugehen. Es hat nun folgende Alternativen:

1. die Sache völlig zu ignorieren;
2. ihren Freund darauf anzusprechen;
3. mit ihrem Freund zu streiten;
4. ihre Freundin davon abzubringen;
5. mit jemand anderem auszugehen.

Die »bequemste Lösung« hängt stark von der Persönlichkeit ab, und jemand anderer mag jede dieser Alternativen für den einfachsten Weg halten. Den bequemsten Weg auszusuchen ist der erste Schritt. Kann diese Wahl gerechtfertigt werden – um so besser.

Die methodische Darstellung

Wer eine Entscheidung treffen muß, stellt sich bei dieser Methode vor, er habe jede Alternative nacheinander ausgewählt. Zugleich malt er sich aus, wie er jede dieser Alternativen seinem Freund schildern würde und warum er sich so entschieden hatte. In dieser Phantasievorstellung legt er alle Gründe dar, die für eine gute Wahl sprechen und warum ihm diese angemessen erscheint. Jede dieser Rechtfertigungen sollte niedergeschrieben und für sich durchdacht werden. Welche macht den besten Eindruck? Welche ist die sinnvollste? Manchmal ist die beste Rechtfertigung deutlich erkennbar, manchmal sind einige der Rechtfertigungen so schwach, daß sie von der Liste gestrichen werden.

Eine Versicherung bietet ihren Büroangestellten folgende Belohnungen für erfolgreiches Arbeiten zur Wahl an:

1. mehr Geld;
2. eine kürzere Arbeitswoche;
3. mehr Urlaubstage;
4. mehr unbezahlten Urlaub, falls dies erforderlich scheint.

Die Entscheidung ist von Einzelpersonen zu treffen. Nehmen wir an, Sie seien gefragt. Denken Sie jede der Alternativen durch und stellen Sie sich vor, Sie hätten diese Möglichkeit ausgewählt und müßten Ihren Entschluß nun vor einem Freund begründen. Da diese Rechtfertigung je nach persönlicher Lage ausfallen wird, gehen Sie von Ihrer eigenen Situation aus (Größe der Familie und so weiter).

Die methodische Darstellung ordnet jeder Alternative eine Begründung zu und erweitert damit die vorher beschriebene Vorgehensweise, bei der es darum ging, die (individuell) einfachste Alternative zu wählen. Je formeller die Darstellung der Gründe ist, desto erfolgreicher wird die Methode sein.

Gleichwertige Alternativen – Das Gleichnis von Buridan's Esel

Das Gleichnis von Balaam's Esel ist bekannter unter der Bezeichnung Buridan's Esel. Dieser mythische Esel wurde genau in der Mitte zwischen zwei völlig gleich großen Heuhaufen festgebunden.

Er starb einen elenden Hungertod, weil er sich nicht entscheiden konnte, von welchem der beiden Heuhaufen er fressen sollte. Die Heuhaufen glichen sich so sehr, daß sie den Esel in seiner Wahl lähmten. Von Philosophen wurde dieser arme Esel während ihrer endlosen Diskussionen über den freien Willen häufig als Gleichnis herangezogen, als derartige Streitgespräche noch Mode waren.

Spricht man von Entscheidungen, so gibt das Verhalten des Esels einen wichtigen Hinweis. Sind die verschiedenen Möglichkeiten alle gleich attraktiv, sollte eine Wahl sehr leicht fallen, da sie auf jeden Fall Zustimmung finden wird. Man müßte lediglich eine Münze werfen und dann mit dem Ergebnis glücklich sein (Anwendung der Würfelmethode). Warum also bereiten derartige Entscheidungen so große Mühen? Dies erinnert mich an eine junge Frau, die zwischen zwei passenden Junggesellen einen als Ehemann wählen soll. Die Antwort darauf ist, daß die Schwierigkeit für uns darin liegt, eine attraktive Alternative aufzugeben. Anders ausgedrückt war des Esels Problem sein Widerwille, einem der beiden Heuhaufen den Rücken zuzukehren. Sobald wir wissen, daß wir etwas erreichen können, verblaßt dessen Attraktion, doch die Angst, etwas anderes dadurch aufzugeben, wächst.

Das Gleichnis von Buridan's Esel spricht das Problem direkt an. Wer eine Entscheidung trifft, gibt sein Bestes, jede Alternative niederzukämpfen oder sie wenigstens nicht verlockend erscheinen zu lassen. Ist er dabei erfolgreich, bereitet es ihm keine Qual, diese anderen Möglichkeiten aufzugeben, und die beste Entscheidung tritt zutage.

Stellen Sie sich vor, es erscheint Ihnen ein verzauberter Flaschengeist und stellt Ihnen einen Wunsch frei. Sie haben folgende Wahl:

1. sehr weise zu sein;
2. sehr reich zu sein;
3. sehr schön zu sein;
4. ein begnadeter Künstler zu sein.

Ein Abwägen könnte folgende Formen annehmen:

1. Sehr weise sein: Vielleicht hielten Sie dann jeden anderen für albern. Sie wären sich des Elends auf der Welt bewußter.
2. Sehr reich sein: Sie würden niemals wissen, wer Ihre wahren Freunde sind. Sie würden möglicherweise auf noch reichere Menschen eifersüchtig. Sie hätten viele Sorgen.
3. Sehr schön sein: Sie hätten Angst, Ihre Schönheit zu verlieren. Sie würden Menschen anziehen, die nur auf Äußerlichkeiten achten. Sie würden verwöhnt werden.
4. Ein begnadeter Künstler sein: dies kann sehr frustrierend sein, falls niemand Ihr Talent erkennt. Es würden sich ständig neue Horizonte öffnen. Die Begabung kann zur Last werden.

Die endgültige Entscheidung bleibt der persönlichen Meinung überlassen; aber es fällt nun leichter, die Alternativen aufzugeben, die man nicht wählt.

Die Methode der idealen Lösung

Hierbei werden die Alternativen aufgelistet – zunächst aber nicht berücksichtigt. Statt dessen formt man die für die Situation »ideale Lösung«. Man überlegt sich, wie diese Ideallösung aussehen soll. Man muß keine Einzelheiten aufführen, jedoch die wesentlichen Eigenschaften herausschreiben. Nun deckt man die Liste der alternativen Möglichkeiten auf und prüft, welche von ihnen der »Ideallösung« am nächsten kommt. Anders ausgedrückt, die Alternativen werden nicht länger um ihrer selbst willen geprüft, sondern auf ihre Nähe zur »Ideallösung«.

In einer kleinen Stadt gibt es ein unbebautes Grundstück. Folgende Vorschläge werden zu dessen Verwendung gemacht:

1. Parkplatz;
2. mehr Häuser;
3. Parkanlagen;
4. Spielplatz;
5. Marktplatz mit kleinen Buden.

Diese Alternativen werden beiseitegelegt, und nun setzt eine Diskussion darüber ein, wie man sich die Ideallösung vorstellt. Man einigt sich darauf, daß sie zum Wohle möglichst vieler Menschen sein und darauf ausgerichtet sein soll, das Leben schöner zu gestalten. Vergleicht man die tatsächlichen Alternativen mit dieser »Ideallösung«, gewinnt der Vorschlag, einen Park anzulegen. Wendet man diese Methode an, ist es wichtig, ehrlich zu sein und die Ideallösung nicht so zu gestalten, daß sie der einen oder anderen bekannten Alternative entspricht. Aus dem gleichen Grund darf man keinesfalls zuerst die Ideallösung bilden und dann die alternativen Möglichkeiten auflisten, da diese stets so ausgerichtet sein werden, dieser Lösung zu entsprechen. Dies wäre ein späterer Schritt. Die erste Aufstellung der Alternativen sollte objektiv sein, bevor die Ideallösung geformt wird.

Idee – Situation – Zusammenhang

Situation oder Zusammenhang sind wesentlich für das Entstehen einer Idee. Sie bieten ihr die beste Entfaltungsmöglichkeit. So wie es in einem Zimmer den günstigsten Platz für eine Vase mit Blumen oder in einer Fußballmannschaft eine beste Stellung für jeden einzelnen Fußballspieler gibt, so können wir auch von der besten Umgebung oder der »bestmöglichen Ansiedlung« einer bestimmten Idee sprechen. In diesem Fall bilden die Ideen die Alternativen, die für eine Entscheidung zur Auswahl stehen. Jede Alternative ordnen wir der für sie idealen Situation zu oder stellen sie in idealen Zusammenhang. Für welchen Persönlichkeitstyp in welcher Situation würde eine bestimmte Alternative die beste Wahl darstellen? Wäre beispielsweise jemand sehr grob zu Ihnen, und Sie hätten zwei Möglichkeiten zur Wahl, zum Beispiel diesem Kerl einen Hieb mit der Faust zu versetzen, dann wäre diese Möglichkeit wohl am besten geeignet für jemanden mit hitzigem Temperament und kräftigen Muskeln. Und dann vergleichen Sie dies mit der Wirklichkeit: Sind Sie ein heftiger Mensch mit viel Muskelkraft?

Eine kleine Herstellerfirma plant die Fabrikation elektrischer Glühbirnen. Nach einer Diskussion der möglichen Strategien treten die beiden folgenden Alternativen zutage:

1. Glühbirnen herzustellen, die billiger als alle sonstigen auf dem Markt angebotenen sind, jedoch keine so lange Lebensdauer haben;
2. Glühbirnen höchster Qualität mit langer Lebensdauer herzustellen, die jedoch zu einem höheren Preis verkauft werden müssen.

Der Vorschlag der billigeren Glühbirnen eignet sich für ein großes Unternehmen mit solider wirtschaftlicher Basis, einem ausreichenden Werbebudget, einem guten Vertriebsnetz und der Möglichkeit, die Preise dem Wettbewerb anzupassen. Die »Superglühbirne« dagegen ist ein Vorschlag für eine kleine Fabrik, die gute Gewinnspannen benötigt und in einer kleinen Marktlücke existieren kann. Vergleicht man die bestmögliche Ansiedelung mit den tatsächlichen Gegebenheiten, scheint es, als sei die »Superglühbirne« das bessere Produkt.

Wie bei einigen anderen Methoden bedarf es auch hier sehr viel Objektivität, die bestmögliche »Ansiedelung« für die Alternative zu finden.

»Was wäre, wenn ...?«

Man spielt verschiedene »Was wäre, wenn«-Möglichkeiten durch, um herauszufinden, wo es mit der Attraktivität einer Alternative plötzlich aufhört.

Nehmen Sie an, Sie hätten sich entschlossen, Ihre Ferien in Marbella zu verbringen, worauf Sie folgende »was wäre, wenn«-Gedanken entwickeln:

- Was wäre, wenn es jeden Tag regnete?
- Was wäre, wenn ich dort allein wäre, niemanden kennenlernte?
- Was wäre, wenn Marbella in diesem Jahr nicht »in« wäre?

Sobald Sie auf ein »was wäre, wenn« stoßen, das Ihre Wahl unattraktiv werden läßt, haben Sie den wahren Grund für Ihre Wahl isoliert. Wenn im obigen Beispiel ein gewisser Trendabbau bewirkt, daß Marbella seinen Reiz für Sie verlor, dann ist offensichtlich das Verlangen, »in« zu sein, Teil Ihres Entscheidungsprozesses – in diesem Fall sollten sie ein Ferienziel wählen, das mehr en vogue ist als Marbella.

Ein anderer Fall: Beide Ehepartner haben ausgezeichnete berufliche Positionen inne, die Kinder sind bereits erwachsen. Nun wird dem Ehemann eine Stelle angeboten, von der er immer träumte – in einer Stadt, die einhundertfünfzig Kilometer vom jetzigen Wohnort entfernt liegt. Daß die Ehefrau gleichzeitig einen angemessenen Arbeitsplatz in dieser neuen Stadt finden wird, scheint kaum wahrscheinlich. Es gibt folgende Alternativen (auch hier nur der Übung halber, da man in der Praxis weitaus mehr Möglichkeiten aufstellen würde):

1. das Angebot ablehnen;
2. das Angebot annehmen und eine Wochenendehe führen;
3. die Frau gibt ihre Arbeitsstelle auf und zieht gemeinsam mit ihrem Mann um;
4. das Angebot annehmen und, falls nötig, später wieder kündigen.

Und nun spielen wir folgende »was wäre, wenn«-Möglichkeiten durch:

- Was wäre, wenn die Arbeit sich nicht als so attraktiv erweist, wie es den Anschein hat?
- Was wäre, wenn jeder der beiden Ehepartner in der Zeit der Trennung jemand anderen kennenlernte?
- Was wäre, wenn einer der Ehepartner krank würde?
- Was wäre, wenn der Ehefrau eine derartige Position angeboten würde?
- Was wäre, wenn in der gleichen Stadt jeder der beiden Ehepartner eine bessere Stelle fände?
- Was wäre, wenn die Ehefrau in der neuen Stadt eine Arbeitsstelle fände?

Bei diesem Vorgang geht es um ein gründliches Durchleuchten.

- Ist das Stellenangebot tatsächlich so attraktiv, wie es erscheint?
- Ist die Arbeitsstelle das wichtigste im Leben?
- Sollte die Ehefrau die Entscheidung treffen?

Die Matrix als Lösungshilfe

Eine Matrix ist ein Gitter, wie in der nächsten Zeichnung dargestellt. Am seitlichen Rand listet man die Alternativen auf, oben die Qualitäten, nach denen man sucht. In den Kästchen kreuzt man an, wonach man das Verhältnis einer bestimmten Alternative zur jeweiligen Qualität bewertet.

Beim Aufstellen einer so einfachen Matrix versucht man, die wenigen wesentlichen Eigenschaften herauszufinden, die für eine

	PREIS	UNTERHALTS-KOSTEN	ZUVERLÄSSIGKEIT
REPARATUR			X
NEUES AUTO	X		
GEBRAUCHT-WAGEN			
LEASING			
MIETEN	X		

bestimmte Entscheidung erforderlich sind. Ohne sie würde die Entscheidung keinen Sinn ergeben. Die Matrix-Methode ist damit in der Tat eine Möglichkeit, die vollkommen ungeeigneten Alternativen auszuschalten.

Für den Fall, daß ein altes Auto der Prüfung des technischen Überwachungsvereins nicht mehr standhält, scheinen sich folgende Alternativen zu ergeben:

1. Geld für Reparaturarbeiten ausgeben;
2. ein neues Auto kaufen;
3. einen Gebrauchtwagen kaufen;
4. ein Auto leasen;
5. im Bedarfsfall ein Auto mieten.

Als wesentliche Entscheidungskriterien werden folgende Punkte angeführt: die Kosten für den Kauf und Unterhalt eines Autos, die Bequemlichkeit und Zuverlässigkeit.

Es ist einfach, diese entscheidenden Punkte mit Hilfe einer Matrix festzustellen und die unwesentlichen Alternativen aus dem Entscheidungsprozeß herauszunehmen. Die noch verbleibenden Möglichkeiten werden mit einer anderen Entscheidungsmethode überprüft, oder die wesentlichen Qualitäten werden nochmals mit der Matrix-Methode eingegrenzt. Man kann nun so fortfahren, bis nur noch eine einzige Alternative übrigbleibt. In gewisser Weise prüft die Matrix-Methode die »Lebensfähigkeit« der Alternativen: Welche Alternativen überleben die wesentlichen Anforderungen, halten ihnen stand?

Die vollständige Matrix

In dieser Matrix werden *alle* Prioritäten, Werte und Überlegungen, die Bestandteil einer Entscheidung sind, aufgeführt. Alle werden von Anfang an dargelegt, und jede Alternative wird auf ihre Qualitäten hin überprüft. Am Ende werden die Alternativen mit den meisten Qualitäten noch einmal beurteilt. Hierbei könnte eine andere

Entscheidungsmethode angewendet werden. Es ist reichlich gefährlich, sich für die Alternative mit den meisten Vorteilen zu entscheiden, da nicht alle von gleicher Wichtigkeit sind. Man sollte zwei Vorteile geringeren Werts im Vergleich zu einer einzelnen Qualität hohen Werts nicht unbedingt überbewerten (es gibt Wege, dies zu umgehen, aber sie sind kompliziert und schließlich doch subjektiver Natur).

Die nächste Darstellung zeigt eine vollständige Matrix. Zur Wahl stehen drei verschiedene Arten von Küchenmöbel: moderne, herkömmliche und funktionelle. Wichtig für die Entscheidung sind Preis, Aussehen, Strapazierfähigkeit; die Möbel sollen zum Haus passen, unkompliziert und leicht zu pflegen oder zu reparieren sein, darüber hinaus bequem und sicher. Hier scheint der »moderne« Stil zu gewinnen. Es ist in diesem Stadium jedoch immer noch möglich zu sagen: »Offensichtlich sind die modernen Möbel der beste Kauf, aber mir gefällt eine Einrichtung im herkömmlichen Stil dennoch besser.« Die Entscheidung ist nun rational: Diesem Käufer ist das Aussehen wichtiger als alles andere.

	PREIS	AUSSEHEN	STRAPAZIER-FÄHIGKEIT	UNKOMPLIZIERT	PASSEND ZUM HAUS	PFLEGE	SICHERHEIT	
MODERN	✓		✓	✓	✓	✓	✓	6
HERKÖMMLICH	✓	✓	✓		✓			4
FUNKTIONELL	✓			✓	✓		✓	4

Faulheit als Methode

Diese Methode ist einfach und direkt und kommt der menschlichen Natur sehr entgegen. Jede Alternative wird daraufhin überprüft, was Furcht, Habgier und Faulheit zur Wahl dieser Alternative beitragen. Oder anders formuliert: Welche eigentliche Motivation verbirgt sich hinter der letztendlich getroffenen Wahl?

Die Großmutter lebt allein. Ihr Sohn ist der Ansicht, sie sei allmählich zu alt, um so weiterzuleben. Er überlegt sich folgende Möglichkeiten:

1. die Dinge lassen, wie sie sind;
2. die Großmutter in einem Altersheim unterbringen;
3. sie zu sich holen und in der eigenen Familie aufnehmen;
4. jemanden anstellen, der für sie sorgt.

Die erste Alternative kommt der Faulheit sehr entgegen (die Wahl der geringsten Mühe). Sie beinhaltet aber auch die Furcht, eine Veränderung könnte für die Großmutter negativ sein. Und was die Habgier anbelangt, so scheint die erste Alternative von allen Möglichkeiten die billigste zu sein.

Die Großmutter in einem Altersheim unterzubringen weist ebenfalls auf Faulheit hin (der Sohn ist der Verantwortung enthoben). Es könnte teuer werden (Element der Habgier), und es ist zu befürchten, der alten Dame könnte es nicht gefallen.

Die Vorstellung, die Großmutter würde in seinem Haus leben, weckt in ihm die Furcht, sie könnte vielleicht nicht mit seiner Frau auskommen und Familienunstimmigkeiten verursachen. Das Element der Habgier könnte eine Rolle spielen, falls er vielleicht einmal ihr Geld erben soll.

Eine Haushaltshilfe zu bezahlen könnte teuer sein. Die Verantwortung einer anderen Person zu übertragen beinhaltet ein starkes Faulheitselement. Was er fürchtet ist einzig das Gerede anderer Leute, falls er die Großmutter in einem Altersheim unterbringen sollte.

Am Ende wird die Entscheidung – wie jede andere auch – von unseren Emotionen bestimmt. Nur ist das Bild jetzt deutlicher erkennbar.

Immer wieder werden wir feststellen müssen, daß Habgier, Furcht oder Faulheit wesentlich zur Attraktivität einer bestimmten Alternative beitragen.

Die abschließende Prüfung einer Entscheidung. Die Entscheidungs-Schlußkontrolle

Persönlicher Stil und Selbsteinschätzung spielen hier eine wichtige Rolle. Ist es vorstellbar, daß man diese oder jene Art der Entscheidung selbst einmal anwendet? Ist es vorstellbar – falls es sich um eine rücksichtslose Entscheidung handelt – daß man diese wirklich selbst durchführt? Entscheidungen müssen objektiv sein, doch diese Objektivität wird geprägt vom persönlichen Stil des Entscheidungsträgers.

Eine Entscheidung sollte alle berücksichtigen, die mit ihr zu tun haben werden. Sie müssen möglicherweise der Entscheidung zustimmen. Sie müssen sie möglicherweise durchführen. Sie können von ihr betroffen sein. Hier sollte man sich bei der Entscheidung danach orientieren, wie andere darüber denken würden (»OPV«), oder man sollte auch vom sogenannten logischen Ermessensraum Gebrauch machen (beides wurde in früheren Kapiteln dieses Buches besprochen).

Die Folgen einer Entscheidung sind in den verschiedenen Zeitrahmen unmittelbar, kurzfristig, mittelfristig und langfristig zu prüfen (indem man nach der Methode der Folgen und Folgeerscheinungen, »C & S«, vorgeht).

Dann wird die Entscheidung ausgeführt. Wer führt sie aus? Wie wird sie ausgeführt? Sind dafür bereits Mittel und Wege vorhanden, oder müssen sie erst vorbereitet werden? Welche verschiedene Stadien der Durchführung gibt es? Welche Probleme treten möglicherweise auf, welche Hindernisse? Welche Risiken und Gefahren liegen in ihr verborgen? Alle hier aufgezählten Punkte gelten für jeden Handlungsablauf (weshalb ich in einem späteren Abschnitt darauf zurückkommen werde).

Wie sieht das Terrain aus? Es ist ein »Orientierungsplan«, der über die Hintergründe einer Entscheidung informiert, die Umstände und das Umfeld, in denen die Entscheidung durchgeführt wird. Er berücksichtigt auch Mitbewerber, Gegner und die allgemeine Lage, sowohl im größeren wie im kleineren Rahmen.

Den Abschluß bilden die Überlegungen für den Fall, daß sich die Entscheidung schon bald als falsch erweist. Was geschieht, wenn die Umstände sich ändern? Kann die Entscheidung rückgängig gemacht werden? Ist eine »Rettung« möglich? Kann man auf eine Ausweichmöglichkeit überwechseln? Manchmal hat es den Anschein, es sei ein Zeichen der Schwäche und mangelnder Zuversicht, den Mißerfolg einer Entscheidung miteinzukalkulieren. – Wenn Sie sich Ihrer Entscheidung sicher sind, warum einen Ausweg planen? – Entscheidungen sind immer spekulativ, sonst wären sie keine! Es ist ein Unterschied, ob jemand risikofreudig ist und Vorsichtsmaßnahmen trifft, um auch auf Situationen vorbereitet zu sein, die er sich nicht erhofft, oder ob jemand dem Risiko generell gerne aus dem Weg geht.

Betonung auf »angepaßt«

Wie Sie vielleicht bemerkt haben, liegt bei vielen der Methoden die Betonung nicht direkt auf dem Wert der Alternativen, sondern darauf, wie sie sich in die vorhandenen Gegebenheiten einfügen lassen. Zuerst einmal müssen wir schwierige Entscheidungen in leichte Entscheidungen umwandeln. Letztendlich müssen *alle* Entscheidungen emotional sein, aber je klarer unsere Vorstellungen sind, desto situationsgerechter setzen wir unsere Emotionen ein.

10. Denken und Handeln

Unsere Kultur unterscheidet einfältigerweise zwischen Denkern und jenen, die handeln. Von Denkern erwartet man nicht, daß sie handeln; von jenen, die handeln, erwartet man nicht, daß sie denken. Man kann Denken als Entschuldigung für Untätigkeit anführen: Der perfekte Gedanke wird der praktischen Handlung vorgezogen. Denkern gesteht man zu, erst sämtliche Informationen und alle Einzelheiten abzuwarten, ehe sie zur Tat schreiten. Auf diese Weise können Denker ihre Mutmaßungen zum »Einerseits« und »Andererseits« ausarbeiten und so abschirmen, daß ein praktisches Handeln unmöglich wird. Daraus entsteht dann die »akademische« Sicht des Denkens. An amerikanischen Universitäten werden die Akademiker ermuntert, einen Teil ihrer Zeit in der realen Welt, der Welt der Tat zu verbringen. An britischen Universitäten gilt dies als unfein. Es gibt natürlich eine Berechtigung für akademisches Intellektualisieren und passive Gelehrsamkeit (die in der Wiederholung dessen besteht, was andere über wieder andere wiederholten), aber dies stellt nur einen kleinen, jedoch trotzdem wertvollen Teil des Denkens dar. Praktisches, auf Ziel und Handeln ausgerichtetes Denken ist kein zweitklassiges Denken, sondern in vieler Hinsicht sogar höherwertig und überlegen. Ungewißheiten und Risiken sind abzuwägen, Handlungsabläufe müssen »geplant« werden.

Dann gibt es Menschen der Tat, die behaupten, man brauche nicht lange nachzudenken, um zu handeln. Hätten sie recht, stünden diese drei Möglichkeiten zur Wahl: in der Praxis erworbene Kenntnisse, Routine oder Zufall. Manchmal genügen in der Praxis erworbene Kenntnisse, aber sobald die Konkurrenz zu denken anfängt, reicht in der Praxis erworbenes Wissen für den Gegenschlag nicht aus. Auch die Routine wird in einer einfachen Welt ohne Wettbewerb bestehen. Aus diesem Grund gab es im Versicherungswesen, das sich immer schon an die in der Praxis erworbenen Kenntnisse und die Routine hielt, stets eine Chance für den Einzelgänger, der sich seinen Einstieg gut überlegt und darauf abzielt, ein Vermögen zu machen. Gelegenheiten laufen oft unter dem Deckmantel »einfacher, gesunder Menschenverstand«. Wen das Glück begünstigt, der steigt auf, wem es nicht gewogen ist – und das ist die Mehrzahl –, tritt niemals ins Rampenlicht.

Natürlich stimmt es, daß die Eigenschaften der »Effektivität« für das Handeln wichtiger sind als intellektuelle Spitzfindigkeiten. Aber auch »Effektivität« setzt Denken voraus, besonders, wenn es darum geht, Ziele zu setzen. Der handlungsorientierte Denker beschäftigt sich vielleicht mehr mit den positiven Aspekten des Möglichen als mit Zweifeln und Ängsten, aber auch das ist Denken. Sollte sich ein Mensch der Tat damit brüsten, daß er *nicht* denkt, spiegelt dies entweder sein Glück oder das geringe Image des Denkens wider. Über die Jahre lernte ich viele der großen Unternehmen in Europa, Amerika und Asien kennen (IBM, Unilever, Shell, General Dynamics, Marsh McLennan, Bank of America, CSR und so weiter). Zweifelsohne legen sie alle großen Wert auf Denken. Ich würde sogar sagen, daß die Geschäftswelt ein viel größeres Interesse am Denken zeigt als jeder andere Gesellschaftszweig – einschließlich dem Schulwesen.

Operatik

Bildung und Erziehung gehen davon aus, daß es ausreichend sei, eine Wissensgrundlage zu schaffen; zu handeln sei dann eine einfache Sache. Das stimmt aber nicht. Die Fertigkeiten des Handelns sind ebenso wichtig wie die Fertigkeiten des Wissens. Daß dies von den Verantwortlichen in Bildung und Erziehung nicht anerkannt wird, ist eine Tragödie. Zur Vereinfachung erfand ich den Begriff »Operatik«, den ich von »operieren« und »operativ« ableitete, und der die zum Handeln erforderlichen allgemeinen körperlichen und geistigen Fähigkeiten beinhaltet. Mit eingeschlossen ist die dafür notwendige Denkfertigkeit (um beispielsweise Ziele zu setzen). Wie schon früher erwähnt, bin ich der Ansicht, daß »Operatik« wie Lesen und Schreiben als Hauptfach in den Schulunterricht aufgenommen werden sollte.

Drei Arten zu handeln

Es gibt drei traditionelle Verfahrensweisen. Wir können zum Vergleich das Bild eines Balls heranziehen, der einen Abhang hinunterrollt.

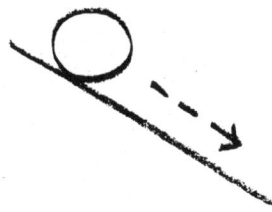

Die nächste Zeichnung zeigt die erste Möglichkeit. Wir blicken von oben auf den Abhang. Der Ball startet in einer Ecke.

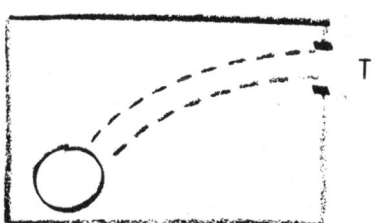

Das (Z) steht für Ziel. Wir graben eine Rinne als Bahn, in der sich der Ball zum Ziel bewegt. Dies entspricht dem Vorgang, Verfahrensweisen und Routineabläufe festzulegen – eine sehr effektive Methode, auch wenn sie wenig flexibel ist.

Die zweite Möglichkeit:
Hier bringen wir eine kleine elektrische Glühbirne am Ziel an. Der Ball ist mit einer Sensorvorrichtung ausgestattet, die ihn zum Ziel

führt. Dies entspricht zielgerichtetem Verhalten oder objekt-orientiertem Management. Damit diese Methode funktioniert, bedarf es einer stärkeren Persönlichkeit als bei der ersten Methode. Sie ist jedoch flexibler, da man einen beliebigen Ausgangspunkt wählen und auch das Ziel ohne Bedenken ändern kann.

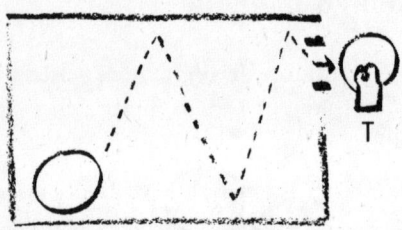

Die dritte Möglichkeit:
Wir lassen den Ball einfach losrollen. *Nachdem* der Ball am Ende des Abhangs zum Stillstand kommt, bestimmen wir diese Stelle zum Ziel. Anders ausgedrückt: wir bewegen uns ohne eigentliches Ziel vorwärts und geben vor, unser derzeitiger Standpunkt sei unser Ziel gewesen.

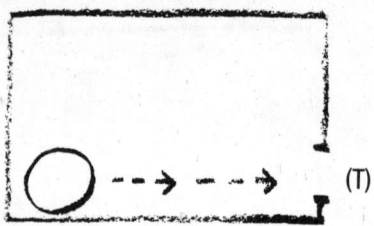

Ziele setzen

In der BBC-Fernsehreihe zu diesem Buch stellte ich die Aufgabe, innerhalb von 20 Sekunden möglichst viele Eier von einem Ort zum anderen zu befördern. Instinktiv (besonders unter dem Zeitdruck) dachten die beiden Teilnehmer dieser Sendung, möglichst viele Eier pro Wegstrecke zu tragen. Bei einem zweiten Versuch forderte ich die Teilnehmer auf, zuerst nachzudenken. Und nun dachten manche in untergeordneten Zielen: Was muß man tun, um das oberste Ziel leichter zu erreichen? Daraufhin machte jemand den Vorschlag, ein Tuch zum Tragen der Eier zu verwenden.

Absicht, Zweck und Ziel

Diese drei Begriffe bezeichnen wiederum ein Verfahren aus dem Programm der Denklektionen der Cognitive Research Trust (Stiftung zur Förderung der kognitiven Forschung), das darin besteht, sich völlig auf die Zielsetzung und die Auswahl gebräuchlicher Ziele zu konzentrieren. Damit haben »Absicht, Zweck und Ziel« (»*a*ims«, »*g*oals«, »*o*bjectives« – »AGO«) ein und dieselbe Aufgabe. (Man übergeht die Unterschiede zwischen diesen drei Wörtern, verwendet aber den im Zusammenhang jeweils richtigen Begriff.)

Obwohl die Aufgabenstellung sehr einfach ist, bereitet diese Lektion in der Praxis die größten Schwierigkeiten. Kindern fällt es sehr schwer, in Zielbegriffen zu denken. Dies mag daran liegen, daß ihr Leben von anderen Menschen bestimmt wird (sie dies oder jenes tun müssen), so daß es ihnen sehr fremd vorkommt, sich bewußt ein Ziel zu setzen. Fragt man sie, warum sie etwas tun, antworten sie: »Weil ich muß.« Die Vorstellung, sich ein Ziel (oder untergeordnetes Ziel) zu setzen und dann darauf hin zu arbeiten, scheint ungewohnt. Da die Operatik bei uns keine Beachtung findet, gibt es in der Kindererziehung keinen Ansatzpunkt, dies zu ändern. Das Ziel, eine Prüfung zu bestehen, ist eigentlich nichts anderes als den von anderen vorgegebenen Routinebahnen zu folgen – dahinter steht eher eine Absicht als ein Ziel.

Ein Auto-Designer, der nach »Absicht, Zweck und Ziel« entscheidet, könnte zu folgenden Ergebnissen kommen:

– Anpassung an die Bedürfnisse und den allgemeinen Trend des Marktes (auch zukunftsorientiertes Denken!);

- Wahl der richtigen Preisgruppe;
- Eigenschaften, die sich deutlich von anderen Angeboten auf dem Automarkt unterscheiden und sich deshalb vorteilhaft in der Werbung verwerten lassen;
- sparsam im Benzinverbrauch;
- zuverlässig;
- auffälliges Styling.

Einige der hier aufgeführten Überlegungen beinhalten andere, nachgeordnete Ziele. Zum Beispiel schließt »sparsam im Benzinverbrauch« eine aerodynamische Form zur Verbesserung der Windschlüpfrigkeit ein. So kommt es, daß die für uns wichtigen Eigenschaften, die Prioritäten, nachgeordnete Ziele sind.

Gehen Sie zur Übung bei folgenden Themen nach »Absicht, Zweck und Ziel« vor: eine Anti-Wegwerf-Kampagne starten; einen Einsatz der städtischen Polizei leiten; ein Kinderspiel entwerfen; ein Ferienhaus kaufen; eine Karriere planen; einen Fotoapparat auswählen; neue Freunde kennenlernen.

Bestimmungsorte

Bestimmungsort ist lediglich ein anderer Begriff für Ziel. Wie die nächste Zeichnung zeigt, kann ein Bestimmungsort nah oder weit entfernt gelegen sein. Ein solches Ziel kann auch großzügig oder mit geringem Spielraum definiert sein. Daraus folgt, daß sich die Chance auf Erfolg erhöht, wenn ein Bestimmungsort großzügig definiert und nicht weit entfernt ist. Es geht also nicht nur darum zu sagen: »Das ist mein Bestimmungsort. Wie komme ich dorthin?«, sondern auch darum, den Zielort so zu gestalten oder abzuändern, daß er leichter erreichbar wird.

Wenn Sie Wurfpfeile auf ein Dartbrett werfen und wenig zielsicher sind, wäre es doch schön, wenn das Dartbrett Ihrem fliegenden Pfeil entgegenkommen würde, so daß dieser im Schwarzen lanet. Natürlich wäre das schön, aber auch recht unwahrscheinlich.

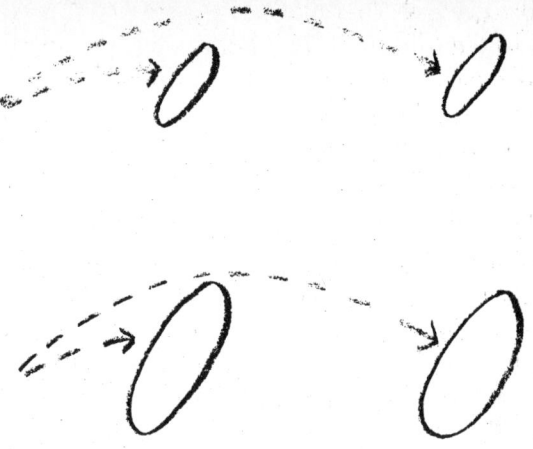

Wenn Sie ein Radiogerät herstellen und dann darauf hoffen, daß die Verbraucher auf dieses Gerät zukommen werden, werden Sie wahrscheinlich enttäuscht werden. Weit besser ist es, mehr Zeit auf ein sinnvolleres Ziel zu verwenden, nämlich herauszufinden, was die Verbraucher eigentlich wünschen.

Strategie und Taktik

In diesem Buch erwähnte ich bereits mehrfach das L-Spiel, das ich einmal als ein »möglichst einfaches Spiel im klassischen Sinne« entwarf. Spielanfängern fällt es schwer, eine sinnvolle Strategie zu entwickeln, weil das Spiel so einfach scheint. Als grobe Strategie entwickeln sie die folgenden Möglichkeiten:

- die leeren Felder aufbrechen;
- sich der gegnerischen L-Figur an die Fersen heften;
- mit den neutralen Steinen die Längs- und Querwege blockieren;
- das Zentrum beherrschen;
- sich von den Ecken des Spielfelds fernhalten;
- den Gegner in die Ecke drängen.

Dies sind alles »allgemeine Richtlinien« oder grobe Strategien, innerhalb derer es situationsangepaßte Züge gibt, die »Taktik« erfordern. Eine Computergesellschaft mag sich als grobes Ziel gesetzt haben, »auf der Welle von IBM zu reiten«. Innerhalb dieses groben Rahmens sind viele taktische Entscheidungen erforderlich: unmittelbar konkurrierende Produkte meiden; vernünftige Preisentscheidungen treffen; die IBM-Produktpolitik voraussehen. Eine andere Computerfirma wird vielleicht die Strategie verfolgen, sich auf die Versorgung jener Kunden zu verlegen, die eher eine größtmögliche Zuverlässigkeit ihrer Computeranlagen statt das fortschrittlichste System wünschen. Wieder eine andere Gesellschaft richtet ihr Augenmerk vielleicht auf den Kleinkunden. Sie wird als Taktik Personalcomputer anbieten, um so den Kunden an ihr Produkt zu gewöhnen und ihm dann Geräte mit mehr Kapazität zum Kauf zu unterbreiten. In diesem Fall ist es schwierig zu entscheiden, ob es sich hierbei um eine »Taktik« oder um eine »nachrangige Strategie« handelt. Wichtig ist, daß die Strategie zur allumfassenden Absicht und Verhaltensart wird, die dann automatisch die situationsbedingten Züge oder Taktiken lenkt.

In der letzten Zeit wurde der Unternehmensstrategie wesentlich mehr Beachtung geschenkt. Der Grund hierfür ist, daß es in einer Welt des Wettbewerbs nicht länger genügt, sich auf eine Vorrangstellung auf dem Markt oder gar auf schnelles Reaktionsvermögen auf die Einfälle der Konkurrenz zu verlassen.

Handlungsverlauf

Beim L-Spiel sind so viele verschiedene Züge auf einmal möglich, daß es praktisch unmöglich ist, die Folgen irgendeines Zugs bis ans Ende durchzudenken. Eine Möglichkeit, dies zu umgehen, ist, sich von den »Gewinnstellungen« zurückzuarbeiten. Bei den meisten Siegpositionen (aber nicht bei allen) steht die Verlierer-L-Figur in einer Ecke. Wir schließen daraus, daß wir den Gegner schließlich blockieren werden, wenn wir ihn in eine Ecke zwingen können.

Daraufhin lernt der Gegner, sich von der Ecke fernzuhalten. Nun müssen wir einen Zug herausfinden, der den Gegner in eine Stellung zwingt, in der wir ihn in die Ecke treiben und dort blockieren können. In Wirklichkeit arbeiten wir rückwärts.

Wir können denselben Vorgang auch anders betrachten. Nehmen wir einmal an, wir wollen nach Edinburgh reisen. Und nun arbeiten wir uns von Edinburgh zurück. Würden wir nur bis Newcastle kommen, wäre die nächste Etappe bis Edinburgh einfach. Also wird Newcastle unser Ziel. Dann entdecken wir eine Stadt, von der aus es leicht ist, nach Newcastle zu reisen – und so weiter.

Den Prozeß des »Sich-Zurückarbeitens« veranschaulicht die nächste Zeichnung.

Dieser Entwurf eines Handlungsverlaufs ist sehr wirksam. Er enthält eigentlich mehrere Handlungsverläufe; wir orientieren uns und stellen fest, wie nahe wir uns nun an einen der Ausgangspunkte herangearbeitet haben. Ich gebe zu, daß es nicht einfach ist, sich

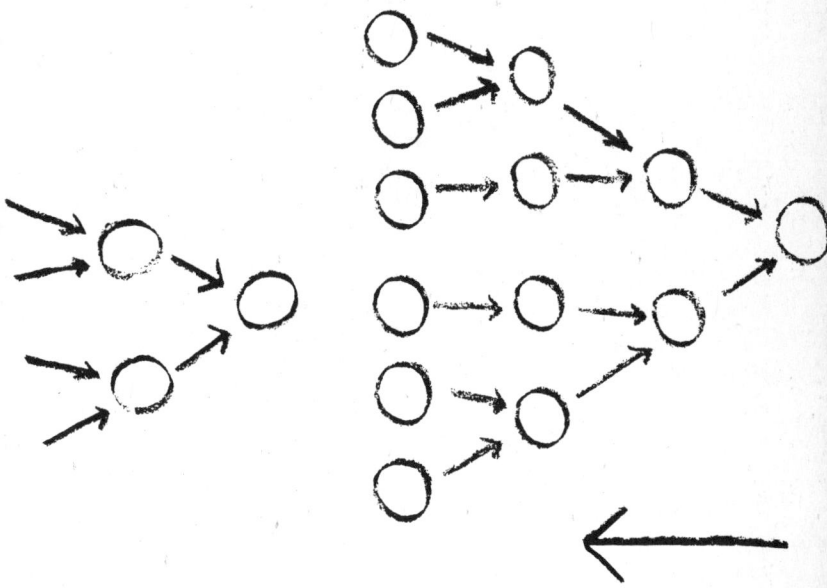

zurückzuarbeiten, da sehr viel geistige Anstrengung und Vorstellungskraft erforderlich sind.

Die ursprünglichen Startpunkte werden selbst zu Zielen, wenn wir uns vom Ziel zurückbewegen. Eine Handlung ist demnach in einfache Schritte unterteilt. Dies mag vielleicht nicht die wirksamste Methode sein (die Straße nach Edinburgh kann auch an Newcastle vorbeiführen), aber sie ist hilfreich in Situationen ohne offensichtlichen Handlungsverlauf.

Die Bedingungsanalyse

Ich beschrieb diese Methode ausführlich in meinem Buch »Opportunities«. Sie leistet gute Dienste, wenn es darum geht, einen Orientierungsplan für einen Handlungsverlauf aufzustellen, in dem die Unsicherheitsfaktoren, die den Handlungsverlauf hemmen, deutlich werden.

Eine »Handlungsbahn« können wir sofort einschlagen, sobald wir uns dazu entschließen. Der Weg ist vorhanden und nichts hält uns davon ab, ihn zu verfolgen. Wollen Sie beispielsweise einen Freund bitten, Ihnen etwas Geld zu leihen, hindert Sie nichts daran, zum Telefon zu greifen und ihn anzurufen.

Sie können mit ihm telefonieren, aber Sie haben keinerlei Kontrolle darüber, ob er Ihnen das Geld nun borgt oder nicht. Alles, was Sie tun können, ist, ihm eine vernünftige Erklärung zu liefern, und Ihren überzeugenden Charme spielen zu lassen. Da Sie nicht wissen, wie die Entscheidung ausfällt, handelt es sich hier um einen Unsicherheitsfaktor, der an eine Bedingung geknüpft ist. Sie müssen den Ausgang abwarten, und dieser hängt von Faktoren ab, die außerhalb Ihrer Kontrolle liegen. An diesem Punkt werden Sie aufgehalten – hier können Sie nicht wunschgemäß Ihren Handlungsweg weiterverfolgen.

Es geht nun darum, einen Handlungsverlauf aufzuzeichnen, indem Sie ihn in »Handlungsbahnen« (auf denen Sie vorwärtsgelangen) und »Unsicherheitsfaktoren« (wo Sie aufgehalten werden) aufteilen.

Wenn Sie beispielsweise die Idee haben, einen Kameraverleih (wie es ja auch Autoverleih gibt) einzurichten, für Leute, die in die Ferien reisen oder Ausflüge in landschaftlich reizvolle Gegenden unternehmen, oder für andere besondere Gelegenheiten, und wenn Sie diese Idee kommerziell nutzen wollen, können Sie eine Bedingungsanalyse, wie in der nächsten Zeichnung dargestellt, anfertigen.

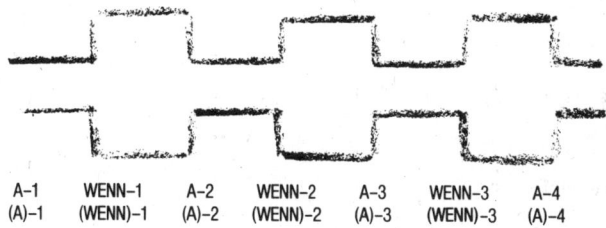

| A-1 | WENN-1 | A-2 | WENN-2 | A-3 | WENN-3 | A-4 |
| (A)-1 | (WENN)-1 | (A)-2 | (WENN)-2 | (A)-3 | (WENN)-3 | (A)-4 |

Die nachfolgenden Buchstaben und Zahlen beziehen sich auf obigen Orientierungsplan.

A-1   Wenden Sie sich an eine Bank wegen der Finanzierung.

Wenn-1   die Bank der Kreditvergabe zustimmt,

A-2   lassen Sie eine Marktforschungsstudie anfertigen.

Wenn-2   die Studie ergibt, daß ein Markt vorhanden ist,

A-3   wenden Sie sich an einen Kamerahersteller wegen besonderer Konditionen.

Wenn-3   der Kammerahersteller auf einen derartigen Handel eingeht,

A-4   suchen Sie nach geeigneten Geschäftsräumen und so weiter

Betrachten wir diese Bedingungsanalyse, stellen wir möglicherweise fest, daß sie nicht die bestmögliche Handlungs- und Bedingungsfolge darstellt. Wir könnten unseren Plan auch so anordnen.

(A)-1   Suchen Sie nach einem Laden in einem Feriengebiet.

(Wenn)-1 Sie einen gefunden haben,

(A)-2   mieten Sie ihn für eine Feriensaison.

(Wenn)-2	sich ihr Versuch des Kameraverleihs als erfolgreich erweist,
(A)-3	wenden Sie sich an einen Kamerahersteller und unterbreiten Sie ihm den Nachweis für Ihren Geschäftserfolg.
(Wenn)-3	Sie günstige Konditionen erzielt haben,
(A)-4	wenden Sie sich mit dem Nachweis Ihres Geschäftserfolgs sowie mit den Vertragsunterlagen des Kameraherstellers an eine Bank.

In diesem Stadium fällt die Verhandlung mit der Bank wahrscheinlich erfolgreicher aus als zu einem Zeitpunkt, in dem die Idee nur in Ihrer Vorstellung existiert.

Die Bedingungsanalyse ist stets die beste Methode, um Einzelfälle aufzuzeichnen. Die Bedingungskästchen halten fest, was eintreffen könnte, würde alles wunschgemäß verlaufen. Es gibt keine Nebenpunkte. Möchten Sie alternative Antworten bedenken, so stellen Sie ganz einfach eine neue Bedingungsanalyse auf.

Planung

In unserer schnellebigen Welt erweisen sich Pläne fast immer als falsch, da sie auf dem gegenwärtigen Stand der Dinge sowie auf der Bestimmung der Funktionswerte gegenwärtiger Trends basieren müssen. Diese Fehlbarkeit von Plänen bedeutet nicht, man solle sie überhaupt aufgeben, sondern stellt eine Warnung dar, Pläne nicht starr zu gestalten. Man sollte so planen, daß man in der Lage ist, Veränderungen vorzunehmen, wie man auch planen sollte, daß man eine gewisse Stellung einnimmt. Auf Ungewißheit und Flexibilität ausgerichtete Planung ist wichtig.

Man kann einen Plan als »Hauptstrom« sehen, in dem gewisse Dinge zu gewissen Zeiten ausgeführt werden. Dieser Hauptstrom wird durch »Zuflüsse« gespeist; es sind Dinge, die erledigt werden müssen, da sie für den Fluß des Hauptstroms wesentlich sind. Dies verdeutlicht die nächste Zeichnung.

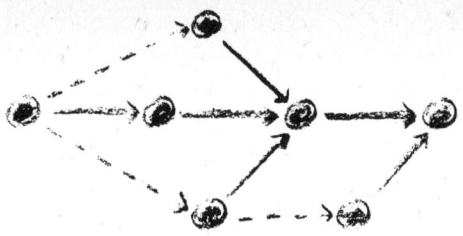

Natürlich sind auch unmittelbar am Hauptstrom Stellen, wo etwas getan werden muß, um den Zufluß anzutreiben. In der Zeichnung wird dies durch die unterbrochenen Linien dargestellt. Schließlich erhalten wir einen Plan, der den bewährten Planungsmethoden gleicht, wie sie in der Unternehmensführung verwendet werden.

Der Entwurf eines Plans muß genügend Spielraum einkalkulieren für die oben genannten Veränderungen, die möglicherweise eintreten. Er sollte Flexibilität aufweisen, so daß er weiterhin Anwendung finden kann, auch wenn die Umstände sich ändern (beispielsweise Änderung der Wechselkurse). Er sollte Weichen enthalten, so daß eine erneut vorgenommene Prüfung der Lage an diesen Stellen einen Ziel- oder Kurswechsel zuläßt. Er sollte Kontrollstellen enthalten, die es erlauben, sich einen Überblick darüber zu verschaffen, was abläuft. Erfolgsskalen sollten integriert sein, damit der erzielte Fortschritt bewertet werden kann. Und sogar Schlußstriche sollten im Entwurf eines Plans dort gesetzt werden, wo er aufgegeben werden kann im Falle eines Fehlschlags (weil der Plan nicht gut war oder weil sich die Umstände zu sehr veränderten). Am wichtigsten jedoch ist, daß all diese Punkte im Plan enthalten sind und nicht nur als Hinweise betrachtet werden, wie man einen Plan aufstellt und mit ihm umgeht.

Das Terrain

Jede Handlung findet in der Zukunft statt. Wir können die Zukunft als eine Landschaft sehen, in der die Handlung ausgearbeitet wird.

Die Landschaft oder das Terrain weist gewisse Züge auf, die für die Handlung wesentlich sind, sie fördern oder behindern können. Wir wollen nun einige dieser Terrains herausgreifen.

Menschen

Es gibt Menschen, die mit der Ausarbeitung von Handlungsvorschlägen oder deren Begutachtung zu tun haben. Man muß sie beim Delegieren, Anweisen und beim alltäglichen Besprechen berücksichtigen. Die Menschen können hilfreich oder hinderlich sein. Sie können sich neutral oder untätig verhalten. Sie können alles zunichte machen, Widerstand leisten, oppponieren – oder eine Verzögerung bewirken. Man muß den logischen Ermessensraum dieser Menschen überprüfen, um ihre Beweggründe zu verstehen. Es geht darum, die richtigen Personen für das Vorhaben auszuwählen.

Risiken

Jeder Verlauf einer Handlung birgt ein gewisses Risiko in sich, da die Zukunft im voraus niemals vollständig absehbar ist. Es gibt unbekanntes Terrain, das nicht vollständig ausgekundschaftet werden kann (wie die Reaktion des Marktes auf ein Produkt – trotz gründlicher Marktforschung). Das Verhalten von Regierung und Konkurrenz kann abgeschätzt werden, gänzlich kennen wird man es jedoch nie. Darüber hinaus gibt es jene unbekannte Größen wie die Inflation, die Wechselkurse und die Rohstoffpreise. Auch technologische Errungenschaften fallen darunter. Es gibt wirkliche Gefahren wie Fehler in der Produktlinie oder Sicherheitsprobleme. Rückschläge oder Fehlschläge können sich ergeben, werden die ursprünglichen Vorhersagen nicht erfüllt.

Beschränkungen

Es gibt gesetzliche Beschränkungen, regulierende Beschränkungen durch Verordnungen und Beschränkungen durch Vertriebssysteme. Auch die Zeit oder Preise können Beschränkungen auferlegen. Beschränkungen können konstanter oder wechselnder Natur sein. Ein Produkt, das zu einem Zeitpunkt entworfen wurde, bevor sein Standard oder Anspruchsniveau feststanden, mag veraltet oder unverkäuflich sein, sobald Standard und Anspruchsniveau definiert sind (die entweder durch den bedeutendsten Hersteller oder durch Abkommen bestimmt werden).

Quellen

Die Quellen liefern die »Energie« sowie die Mittel für die Handlung. Menschen, Geld, Zeit, Mühe, Motivation, technisches Wissen, guter Ruf, Marktposition und vieles mehr gehören dazu.

Zukunft

Schließlich muß man auch Umstände, die noch in der Zukunft liegen, abschätzen. Man sollte beispielsweise politische Veränderungen wie einen Regierungswechsel in die Überlegungen mit einbeziehen und natürlich auch das Verhalten der Konkurrenz – weil sie entweder auf Ihr Vorgehen reagieren könnte oder aber weil sie eigene Pläne verfolgt.

Geschäftsleben und Alltag

Manche der in diesem Kapitel angestellten Überlegungen scheinen sich eher auf das Geschäftsleben als auf den Alltag zu beziehen. Dies rührt daher, daß »Handeln« ein wesentlicher Begriff aus dem

Geschäftsbereich ist. Es findet immer etwas statt. Es gibt immer Pläne, Strategien und Ziele. Im täglichen Leben ist es möglich, ganz bequem von einem Tag zum anderen dahinzutreiben, ohne sich formell Ziele zu setzen. Wer zielbewußter agieren möchte, dem sollte es nicht schwerfallen, aus diesem Kapitel die Elemente herauszugreifen, die auch auf den Alltag übertragbar und anwendbar sind – beispielsweise nach »Absicht, Zweck und Ziel« vorzugehen oder eine Bedingungsanalyse vorzunehmen.

11. Zielgerichtetes Denken

Bei der von der BBC ausgestrahlten Fernsehserie wurde das Publikum zufällig ausgewählt – die Einladungen gingen an verschiedene Organisationen und Schulen in der näheren Umgebung. Bei verschiedenen Gelegenheiten schienen gewisse Kinder aus der Zuhörerschaft die anderen Anwesenden zu übertreffen durch ihre Fähigkeit, klar und gezielt zu denken und Ideen und Vorschläge zu unterbreiten. In jedem dieser Fälle stellten wir später fest, daß diese Kinder in der Tat (was wir jedoch nicht gewußt hatten) Denkunterricht nach dem CoRT-Programm an ihren Schulen hatten. Es hätte keinen besseren Nachweis für die Wirksamkeit des Trainings zielgerichteten Denkens geben können.

Nachdem dies das letzte Kapitel dieses Buches ist, möchte ich so zielbewußt und praxisbezogen wie möglich sein. Was kann man tun, um Denken zu einer anwendbaren Fähigkeit zu entwickeln?

Es gibt zwei wichtige Aspekte. Um das Denken zu fördern, sollte es überlegt, zielgerichtet und zuversichtlich sein und Freude machen.

Überlegt

Ein denkender Mensch sollte in der Lage sein, sein Denken willentlich einzuschalten. Er sollte fähig sein, sein Denken auf jedes beliebige Thema oder auf jeden Aspekt des Themas zu richten. Damit meine ich nicht, daß er in den Zeitabschnitten zwischen den einzelnen Denktätigkeiten ohne Denken auskommt. Es gibt »allgemeine Aspekte« beim Denken, die jederzeit Anwendung finden, auf die ich noch in diesem Kapitel zu sprechen kommen werde. Zunächst möchte ich hervorheben, wie wichtig es ist, das eigene Denken unter Kontrolle zu haben, in der Lage zu sein, es *willentlich* einzusetzen.

Zielgerichtet

Untrainiertes Denken bewegt sich meist von Punkt zu Punkt, wandert von Idee zu Idee, mit viel Ballast und großer Ineffizienz. Solche Denker richten ihr Denken meist nur dann konzentriert auf ein gewisses Ziel, wenn sie eine Ansicht in der Denkweise anderer angreifen. In seinem Denken konzentriert und zielgerichtet zu sein, gehört mit zu den schwierigsten Dingen. Der Verstand liebt es, interessante Wege, die sich gerade auftun, entlangzuwandern. Natürlich räumt man diesem Denken einen Spielraum ein, besonders unter dem Aspekt der Kreativität, aber dieses hoffnungsvolle Umherschweifen sollte nicht zum bestimmenden Faktor werden. Bei untrainiertem Denken löst eine Idee eine Emotion aus, die wiederum darüber bestimmt, wie man eine Sache sieht, und ohne diese Sache genau zu prüfen, folgen die Gedanken ganz einfach diesem Weg.

Die an verschiedenen Stellen dieses Buchs erwähnten Denkmethoden aus dem Unterrichtsprogramm der CoRT leisten Hilfestellung beim zielgerichteten und konzentrierten Denken. Es ist Ihr Entschluß, die Plus-, Minus- und interessanten Punkte (»PMI«) oder die Meinung der anderen (»OPV«) zu berücksichtigen – und sich dann an diese Methoden zu halten. Der erste Schritt ist der Entschluß dazu – der zweite die Ausführung. Es ist, als erteilten Sie sich selbst eine klare Anweisung.

Der Zielbereich Ihres Denkens kann so eng gefaßt werden, wie Sie es wollen. Sie können sich auf »Fahrräder« im allgemeinen oder auf »die Form einer Radspeiche« festlegen. So wie Sie im gewöhnlichen Sprachgebrauch eine sehr allgemeine oder sehr spezifische Frage stellen können, kann auch Ihr Denkziel sehr allgemein oder sehr spezifisch sein.

Zuversicht

Denken sollte von Zuversicht geprägt sein. Jede Fertigkeit gewinnt durch die Zuversicht – sei es nun beim Schifahren oder beim

Tennisspielen. Es besteht jedoch ein großer Unterschied zwischen Zuversicht und Arroganz. Der ungebrochene Glaube daran, recht zu haben, die Überzeugung, daß das eigene Denken besser sei als das anderer oder daß es keine Alternative geben könne – dies alles sind Zeichen von Arroganz. Wie ich schon früher feststellte, ist Arroganz die Hauptsünde beim Denken. Ein zuversichtlicher Denker ist nicht notwendigerweise ein brillanter Denker. Zuversicht hat nichts mit Wert zu tun. Es geht vielmehr um die Art, wie etwas getan wird. Ein zuversichtlicher Fahrer in einem Kleinwagen kann mit Zuversicht fahren. Er mag vielleicht eher langsam fahren. Er kennt die Grenzen seiner Fahrtüchtigkeit und verhält sich mit entsprechendem Vertrauen.

Ein zuversichtlicher Denker hat es nicht nötig nachzuweisen, er habe recht und andere unrecht. Für ihn ist Denken eine funktionierende Fertigkeit und keine Ego-Leistung. Er hört anderen bereitwillig zu. Er hat den Willen, seine Denkfähigkeit durch das Aufgreifen neuer Ideen oder durch neue Auffassungsweisen zu verbessern; er ist bereit, über etwas nachzudenken. Er vermag auch zuzugeben, daß noch keine Antwort gefunden sei.

Ein zuversichtlicher Koch kann Fehler machen, um dann daraus zu lernen.

Freude

Wenn wir eine Medizin nur schlucken, weil wir krank sind, werden wir dieses Heilmittel niemals mögen. Wenn wir nur dann denken, wenn wir vor unlösbaren Problemen stehen, wird Denken wahrscheinlich niemals eine Fertigkeit werden, die Freude bereitet. Sich am Denken zu erfreuen heißt nicht unbedingt, sich für Rätsel, Spiele und Denksport zu interessieren. In der Tat interessiere ich mich nicht besonders dafür. Es geht viel eher darum, über verschiedene Dinge nachdenken zu können: Ideen zu haben, Lösungen zu finden, an einer Diskussion teilzunehmen, die Ansprüche an das Denken stellt. Es gibt langweilige Diskussionen, bei denen jede

Partei versucht, einen besonderen Standpunkt zu vertreten. Und es gibt erfreuliche Diskussionen, bei denen jeder Teilnehmer das Thema gründlich erforscht – worauf am Ende beide Parteien neue Ideen und neue Gedanken haben.

Kindern macht Denken wirklich Spaß. Ein kleiner Junge in Venezuela, der früher fast regelmäßig die Schule schwänzte, überredete seine Eltern, nicht in die Ferien zu fahren, da er sonst seinen Denkunterricht versäumen würde. Auch Erwachsenen kann Denken Freude bereiten, solange sie sich in ihrer Persönlichkeit nicht in die Enge getrieben fühlen oder solange eine formale Struktur vorhanden ist, die sie zum Denken ermutigt. Zu diesem Zweck hatte ich mir überlegt, »Denk-Clubs« zu gründen. Sie bieten den erforderlichen Rahmen, in dem es den Leuten Spaß macht, ihre Denkfertigkeit anzuwenden – und sie gleichzeitig so effektiv einzusetzen, daß sie verschiedene Aufgaben meistern können. Auch darauf werde ich gegen Ende dieses Kapitels näher eingehen.

Selbsteinschätzung

Wie man sich selbst sieht, ist äußerst wichtig. Ich erwähnte dies bereits zu Beginn dieses Buchs, und ich betone dies hier nochmals. Die Selbsteinschätzung »ich bin intelligent« oder »ich bin kein Blaustrumpf« ist eine Wertung, die es zu verteidigen oder aufrecht zu erhalten gilt. Im ersten Fall dient Denken lediglich als Mittel zum Nachweis, wie klug man ist. Im zweiten Fall vermeidet man zu denken, da es als langweilig gelten *muß*. Die Selbsteinschätzung »ich bin ein Denker« ist ein völlig anderes Bild seiner selbst. Nun handelt es sich nicht mehr um eine wertende, sondern um eine tätige Vorstellung. Beim Tennis kann das Spieltalent durch Selbstbeobachtung und Übung verbessert werden. Der Spieler genießt das Spiel, auch wenn er nicht der beste Spieler auf der Welt oder nur auf dem Platz ist. Genauso ist es bei der Selbsteinschätzung »ich bin ein Denker«. Es geht darum, daß ich versuchen kann, über Dinge so nachzudenken, daß ich Freude dabei empfinde, daß ich bestrebt bin, eine noch größere Denkfertigkeit zu entwickeln.

Wenn meine ganze Arbeit einschließlich diesem Buch nichts weiter erreichte, als daß es einen Wandel in der Selbsteinschätzung zugunsten von »ich bin ein Denker« auslöste, würde mich das sehr glücklich machen. Die Techniken, das Verständnis und die Methoden sind hierbei von untergeordneter Wichtigkeit.

Zeitdisziplin

Wir neigen gern zur Ansicht, Denken solle frei und ungezwungen sein. Das Paradoxe ist jedoch, daß eine strenge Zeiteinhaltung nicht nur die Effektivität des Denkens, sondern auch die Freude daran steigert. Man setzt sich selbst einen Zeitrahmen von dreißig Sekunden oder einer Minute oder fünf Minuten, um über etwas nachzudenken. Im Denkunterricht nach dem CoRT-Programm ist an den Schulen ein wesentlicher Bestandteil der Unterrichtsmethode, nur eine kurze Zeit (zwei bis vier Minuten) zum Nachdenken über ein bestimmtes Thema zu gewähren. Es gibt viele Gründe, warum eine derartige Zeitdisziplin eingehalten werden sollte. Zu allererst wird Denken dadurch überlegter und zielgerichteter. Der Denker setzt das Denken in Betrieb. Er konzentriert sich direkt auf seine Aufgabe. Mit der Zeit gelingt es ihm immer besser, über etwas klar nachzudenken. Noch wichtiger jedoch ist die Freiheit, die ein strenger Zeitplan gewährt. Er nimmt dem Denken die Last und den Streß. Statt immer weiter zu denken, bis man endlich die Lösung zu einem Problem oder eine wunderbare Antwort darauf findet, muß man nur zwei Minuten lang denken. Das ist alles, was man tun muß. Sie wissen, daß Sie nach Ablauf dieser zwei Minuten mit dem Denken aufhören können, egal, ob Sie nun zu einer Idee gelangten oder nicht. In der Praxis überrascht es oft, wie wirksam Zeitdisziplin ist, um die Furcht beim Denken auszuschalten. Anfangs machen sich viele Menschen Gedanken, wenn sie nicht innerhalb kurzer Zeit großartige Einfälle vorweisen können. Mit zunehmender Übung erkennen sie, daß dies nicht Sinn und Zweck ist. Ziel ist, innerhalb des festgesetzten Zeitrahmens das Denken einzusetzen – ungeachtet des Ergebnisses.

Die Übung macht dreißig Sekunden Denken zu einer Menge Zeit. Schließlich behauptet man auch, daß komplizierte Träume ebenfalls nur innerhalb weniger Sekunden realer Zeit ablaufen.

Ernte

Dies ist ein weiterer wichtiger Punkt. Wenn Sie der Meinung sind, Sie hätten durch Ihr Denken nur wenig erreicht, wenn Sie jemandem einen Fehler nachwiesen oder ein Rätsel lösten, eine Antwort auf ein Problem fanden oder eine brillante Idee schöpften, dann werden Sie möglicherweise Denken erst gar nicht ausprobieren. Sie werden es sicherlich keinesfalls für nur wenige Minuten ausprobieren. »Die Ernte einbringen« ist die Kehrseite der Medaille »Zeitdisziplin«. Das Wort »ernten« ist hier in seinem normalen landwirtschaftlichen Sinn zu verstehen: die Apfel- oder Weizenernte einbringen. Hier sind es Gedanken oder Ideen. Es geht darum, sich bewußt zu werden, was man erreichte, sogar bei einer nur kurzen Denksitzung. Vielleicht wurde ein gewisser Punkt deutlicher? Vielleicht erkannte man eine Idee als hinderlich? Vielleicht gibt es tatsächlich einen Vorschlag? Vielleicht wurden einige Alternativen aufgezählt? Vielleicht wurde ein gewisser Punkt als Problemzone erkannt, die noch weiteres Denken verlangt?

Mit Gespür ernten bedeutet, sich äußerst klar darüber zu sein, was tatsächlich erreicht wurde. Es wird immer etwas geben, das erzielt wurde. Man muß sich dessen nur bewußt werden. Die Bemerkung »ich drehe mich stets im Kreis« ist bereits ein beträchtlicher Erfolg: Man hat erkannt, daß man »eingeschlossen« ist.

Denken Sie zur Übung genau dreißig Sekunden lang über eines der folgenden Themen nach und schreiben Sie nach Abschluß der Übung die vermeintlichen Früchte Ihres Denkens auf: Autobusse, Steuern zahlen, Manieren, das Wetter, Weihnachten, eine Uhr, Kaninchen.

Dies ist eine ausgesprochene Ernte-Übung. Etwas später werde ich beschreiben, wie man Denkaufgaben stellt.

Über das Denken nachdenken

Der geübte Denker kann zweierlei:

1. Er kann über das Thema »Führen Sie eine Denkaufgabe aus« nachdenken.
2. Er kann über das zur Durchführung einer Denkaufgabe angewandte Denken nachdenken.

Es ist ungewöhnlich, über das Denken nachzudenken, aber es ist ein wichtiger Bestandteil der Denkfertigkeit. Ein Golfspieler denkt über seine Schläge nach, ein Tennisspieler über seine Rückhand und seinen Aufschlag. Dieses »Zurücktreten und Abstand gewinnen« und so in der Lage zu sein, sich selbst in Aktion zu beobachten – fast wie ein außenstehender Beobachter – spielt eine wichtige Rolle beim Ausbau einer Fähigkeit. Ein Denker sollte es sich zur Gewohnheit machen, sein eigenes Denken einer Betrachtung zu unterziehen. Er sollte in der Lage sein, seine Denkweise beim Lösen einer Aufgabe im nachhinein beurteilen zu können, er sollte sein Denken aber auch unmittelbar während des Denkvorgangs oder sogar im voraus absehen können.

Der Denker sollte auch fähig sein, das von anderen Menschen oder das »allgemein zu einem bestimmten Thema angewandte Denken« zu überprüfen. Das Denken anderer betrachten bedeutet nicht, dies mit dem Ziel einer Kritik oder eines Angriffs zu tun, sondern mit der Absicht, die Art des Denkens herauszufinden. Je besser man darin wird, desto größer wird die Faszination.

Zieht man das Denken unter Betracht, so könnten sich folgende Beobachtungsgebiete ergeben: Denkblockaden; Wiederkehr bestimmter Ideen; emotionale Punkte; mögliche Schwierigkeiten beim Finden von mehr Alternativen; Gedankenleere; andere Betrachtungsweisen; die Wahrscheinlichkeit einer Schlußfolgerung; das Erkennen zusammengehöriger Punkte; Schwierigkeiten weiterzugelangen; einen Ansatzpunkt finden und so weiter.

Eine sehr nützliche Übung ist, eine ganze Liste dieser Beobachtungen niederzuschreiben. Nur wenn Sie sich der Bedeutung dieser

Begriffe bewußt sind, ist es möglich, das Denken zu »beobachten«. So gestattet Ihnen dann der Begriff der »wertbeladenen Worte«, diese zu suchen und herauszufinden. Sobald Sie sich der verschiedenen Verwendungsweisen wertbeladener Worte bewußt werden, treten diese viel deutlicher in Erscheinung.

Der Denkrahmen (TEC)

Dies ist eine sehr einfache Struktur, um das Denken auf ein Ziel auszurichten und die Aufgabenstellung zu gestalten. Die Struktur des Denkrahmens wird in ein fünfminütiges Denken eingebaut, was ich in diesem Kapitel noch beschreiben werde. Im folgenden soll die einfache Form des Denkrahmens vorgestellt werden. Er setzt sich zusammen aus den Punkten »Bestimmungsort und Aufgabe« (im Englischen »target« und »task« – »T«), »Erforschen des Aufgabenumfelds« (»expand« und »explore« – »E«), »Eingrenzung und Schlußfolgerung« (»contract« und »conclude« – »C«; aus den Anfangsbuchstaben der englischen Begriffe ergibt sich die oben angeführten Methodenbezeichnung »TEC«).

Bestimmungsort und Aufgabe

Das Denken ist auf einen exakt festgelegten Bestimmungsort ausgerichtet. Wenn wir Schuhe betrachten, richten wir unsere Aufmerksamkeit vielleicht auf den Absatz oder generell auf den Stil der Schuhe oder auf die Notwendigkeit unterschiedlicher Formen für rechte und linke Schuhe. Wie ich schon einmal betonte, kann ein Ziel sehr weit oder sehr eng gesteckt sein. In der Tat könnte ein eng begrenztes Ziel oder ein eng begrenzter Bestimmungsort in einer anderen Denklektion schon vorher definiert werden.

Bei der »Aufgabe« geht es um die auszuführende Denkaufgabe. Dabei mag es sich um eine »Überprüfung« handeln, wie etwas geschieht und wie eventuelle Fehler korrigiert werden können.

Auch ein bloßes »Problem feststellen« kann gemeint sein. Die Aufgabe kann ebenso eine kreative Übung bedeuten: »Wie könnte ich noch die Funktion eines Schuhabsatzes einsetzen?« oder »Wie könnten Absätze nützlicher gestaltet werden?«.

Jede in diesem Buch (oder in den CoRT-Denklektionen) angeführte Denkmethode kann zur »Aufgabe« werden. Sie können es sich selbst zur Aufgabe machen, nach »Folgen und Folgeerscheinungen« (»C & S«) oder nach »Absicht, Zweck und Ziel« vorzugehen.

Wichtig ist, sowohl das Ziel wie auch die Aufgabe recht genau festzulegen.

Erforschen des Aufgabenumfelds

Dies ist die Eröffnungsphase. Wir könnten beispielsweise die Techniken des lateralen Denkens genauso verwenden wie das zufällig gewählte Wort oder die Provokation. Wir könnten uns vornehmen, alle Faktoren zu bedenken. Wir könnten unsere Erfahrungen genau prüfen, die Situation analysieren oder versuchen, vertraute Muster zu abstrahieren.

In dieser Phase erschließen wir das »Gelände«, vervollständigen die Eintragungen im Orientierungsplan, erforschen das Terrain. Hier ist ein gewisses Umherschweifen erlaubt. Diese Phase ähnelt den Aufsatzfragen in der Schule: »Schreiben Sie alles nieder, was Sie wissen über . . .«.

Diese Erweiterungsphase ist positiv und frei fließend. Wir versuchen in diesem Stadium nicht, ein Urteil zu fällen oder die besten Einfälle herauszufinden. Wir nehmen Informationen und Begriffe auf. Es geht im wesentlichen um »Reichhaltigkeit«.

Eingrenzung und Schlußfolgerung

In dieser Phase geht es um ein Abstecken des Rahmens. Wir versuchen, zu einer definitiven Schlußfolgerung zu gelangen. Dies kann eine Lösung, eine kreative Idee, eine zusätzliche Alternative oder eine Meinung sein. Auf dieser Stufe können wir das Aussehen, die Formgebung und das Urteil bestimmen. Die Schlußfolgerung ist das Ergebnis unseres Denkens und nicht eine bloße Zusammenfassung. Was kommt dabei heraus? Worauf läuft es hinaus? Was ist Folge, was Ergebnis? – Die Schlußfolgerung kann auf drei Ebenen liegen:

1. spezifische Antwort, Idee oder Meinung;
2. reiche Ernte all dessen, was man erreicht hat, einschließlich, beispielsweise, einer Auflistung der in Betracht gezogenen Ideen;
3. objektive Betrachtung der angewandten »Denkweisen«.

Auch ohne ein Ergebnis bei Stufe 1 sollten sich bei Stufe 2 und 3 Resultate feststellen lassen.

Mit dem Denk-Rahmen läßt sich jeder beliebige Punkt strukturieren, so auch Zielrichtung, Aufgabenstellung, Aufgabenerweiterung, Aufgabeneingrenzung, Schlußfolgerung.

Das Fünf-Minuten-Denken

Hierbei handelt es sich um einen formalen Rahmen, der mit äußerster Zeitdisziplin eingehalten werden sollte.

Der Zeitplan selbst sieht folgendermaßen aus:

Eine Minute: Bestimmungsort und Aufgaben
Zwei Minuten: Erforschen des Aufgabenumfelds
Zwei Minuten: Eingrenzung und Schlußfolgerung.

Fünf Minuten scheinen ein sehr kurzer Zeitraum zu sein – doch nur, wenn das Denken zum planlosen Denken ausartet. Bei zielgerichtetem Denken bedeuten fünf Minuten sehr viel Zeit. Meist geben Übungsanfänger die Denktätigkeit auf, bevor ihnen die Zeit ausgeht.

Die Übung des Fünf-Minuten-Denkens kann sowohl allein als auch in der Gruppe durchgeführt werden, die jedoch nicht mehr als vier Mitglieder aufweisen sollte, da andernfalls jedem Mitglied zu wenig Teilnahmezeit gewährt werden kann.

Wie ich schon vorher betonte, ist eine strenge Zeitdisziplin einzuhalten. Dies ist besonders wichtig, da sie die einzige Form von Disziplin darstellt, und sich daran zu halten bedeutet auch, nicht vom Ziel abzuweichen. Es kommt beispielsweise häufig vor, daß sich ein Denker oder eine Denkgruppe für Zielort und Aufgabe bereits vor Ablauf der ersten Minute entscheiden. Nun sind sie versucht, sofort zur nächsten Stufe überzugehen. Diese Eile ist unbedingt zu vermeiden, der Zeitplan ist strikt einzuhalten. Glaubt man nämlich, in der Phase der Erweiterung und Erforschung nicht ausreichend Zeit zur Verfügung zu haben, gerät man leicht in Versuchung, die erste Stufe schnell hinter sich zu bringen, um auf diese Weise mehr Zeit für die nächste Stufe zu erhalten. Als Folge davon wird der ersten Stufe, die täuschend einfach ist, nicht genügend Beachtung geschenkt. Verweilen Sie deshalb auf dieser ersten Stufe, bis die dafür angesetzte Zeit abgelaufen ist.

Hier folgt nun ein Beispiel für das Fünf-Minuten-Denken. In der Praxis merkt man sich die Idee und schreibt sie nicht nieder. Es geht um den Themenbereich Telefon.

Bestimmungsziel und Aufgabe (eine Minute)

- neuer Entwurf eines Telefons
- Verbesserung einiger Mängel
- Einbau zusätzlicher Funktionen
- neue Arten des Telefonservices
- Konzentrieren auf größere Mängel
- möglicherweise fallen Störungen unter diese größeren Mängel
- Möglichkeiten, mit Telefonstörungen zurechtzukommen.

Die Aufgabe lautet also, Wege herauszufinden, um mit Störungen des Telefonsystems zurande zu kommen.

Erforschen des Aufgabenumfelds (zwei Minuten)

- Einsatz von Anrufbeantwortern.
- In Japan gibt es Anrufbeantworter für gewöhnliche Anrufer. Besondere Kunden erhalten eine Geheimnummer, mit der sie direkt zum Teilnehmer gelangen.
- Ihre Sekretärin gibt die Auskunft, Sie würden gerade an einer Sitzung teilnehmen.
- In den USA gibt es ein extra »Postsystem« für Anrufe, eigentlich sind es Einbahntelefone. Über dieses System kann jemand eine Nachricht in Ihrem »Computer-Briefkasten« hinterlassen. Sie leeren Ihren Briefkasten je nach Wunsch, rufen dann den Anrufer zurück und hinterlassen eine Nachricht in dessen Computer-Briefkasten. Die Gleichzeitigkeit von Nachrichtenübermittlung und Eintreffen der Nachricht beim Empfänger sind bei diesem System aufgehoben.
- Ein besonderer Läutton oder noch besser ein Lämpchen könnte Ihnen anzeigen, ob der Anruf dringend ist. Die Anrufer können die Dringlichkeit des Gesprächs jedoch auch nur vorgeben, oder das Gespräch ist nur für den Anrufer, nicht jedoch für Sie von Wichtigkeit. Gibt es eine Möglichkeit, wie Sie selbst nachsehen können, ob der Anruf nun wirklich dringend ist? Hilfreich wäre ein Papierstreifen oder ein Bildschirm, die den Namen des Anrufers sowie den Grund seines Anrufs aufzeichneten. Meiner Ansicht nach gibt es so etwas bereits für Hörgeschädigte.
- Würden die Informationen auf Papier aufgezeichnet, könnte man ganz einfach die Liste mit den Namen, dazugehörigen Telefonnummern sowie den Grund des Anrufs abreißen und in die Tasche stecken und dann anrufen, wenn es einem gerade genehm ist. Diese Aufzeichnungsmethode wäre praktischer und leichter zu überprüfen als Tonbandaufzeichnungen. Aber jeder Teilnehmer würde eine Telefon-Fernschreibanlage benötigen. Sie wäre eine Art Telex.

– Jemand, der mir sagt, wer gerade weshalb anruft, wäre sehr ange-
nehm. Eine Sekretärin kann diese Aufgabe möglicherweise
übernehmen, aber dennoch wären damit eine Störung sowie
Zeitverschwendung, auch seitens der Sekretärin, verbunden.
– Ein zeitgleiches visuelles Ablesegerät wäre besser. Wären Sie sehr
beschäftigt, könnten Sie es ja später ablesen. Wären Sie weniger
beschäftigt, und der Anruf wäre sehr wichtig, könnten Sie sofort
zum Telefonhörer greifen.
– Sie könnten Anrufer natürlich bitten, Ihnen ein Fernschreiben
zu schicken. Die dafür erforderliche technische Vorrichtung ist
einfach, und ein Ausdruckgerät für Hörgeschädigte befindet sich
vermutlich bereits auf dem Markt.
– Hauptproblem dabei ist, daß der Absender eine Art Schlüssel
benötigt. Wie kann man dies umgehen?
– Vielleicht könnte der Absender die normale Telefonnummer
unter zusätzlicher Eingabe eines Spezialcodes verwenden? So
könnte jedenfalls jedes gewöhnliche Telefon benützt werden.

Schlußfolgerung: Ein Ausdruckgerät, das an jedes Telefon
angeschlossen werden kann und in Betrieb gesetzt wird über das
Telefon des Anrufers, der die üblichen Nummern wählt.

Denken – ein Überblick: Finden und Lösen eines Problems.

Richten Sie Ihr Augenmerk auf ein spezifisches Problem. Es gibt
Wege, dieses Problem zu überwinden, die jedoch sämtlich nicht gut
genug sind. Man stellt sich eine »Ideallösung« vor und sucht nach
ihrer praktischen Verwirklichung; man entwickelt eine Idee und
deckt ihre Mängel auf, sucht nach Möglichkeiten, diese Mängel
auszuschalten. Endergebnis ist eine bestimmte Produktidee, die
eine neue Telefonfunktion eröffnet.

Das oben geschilderte Beispiel kommt zu einer klaren Schlußfolgerung. Häufig ist dies jedoch nicht der Fall. Am Ende des Fünf-
Minuten-Denkens kann sich auch nur ein Gefühl für die *Schwierig-*

keit des Themas oder das Bedürfnis ergeben, ein spezifisches Ziel festzulegen. Sollte dies der Fall sein, kann die Erforschungsstufe des Aufgabenumfelds darauf verwendet werden, dem Thema näher zu kommen oder ein »Problem« zu definieren, das in einem weiteren Abschnitt behandelt werden kann. Wichtig ist, daß das Ergebnis klar definiert ist, daß aber auch eine große Anzahl alternativer Ergebnisse vorhanden sind. Es genügt, wenn *etwas* erreicht wurde. Es ist unrealistisch zu erwarten, das Problem in insgesamt fünf Minuten zu lösen.

Es sollte kein Gefühl der Eile aufkommen. Falls dies dennoch geschieht, wurde das Ziel zu weit gesteckt. Es ist auch möglich, das Fünf-Minuten-Denken mit dem gleichen Ziel zu wiederholen. Ich rate Ihnen jedoch davon ab, dies in unmittelbarer Folge durchzuführen, denn dies könnte Sie dazu verführen, das Fünf-Minuten-Denken zu einem Dreißig-Minuten-Denken auszubauen. Dies würde die eigentliche Absicht der Übung zunichte machen.

Symbolische Schreibweise des »Denk-Rahmens«

Die nächste Zeichnung ist eine symbolische Darstellung des »Denk-Rahmens«. Die Symbole können auch einzeln als Selbstanweisung oder zur Anweisung anderer verwendet werden, sich auf ein Ziel zu konzentrieren, es näher zu erschließen oder das Ziel einzugrenzen oder zusammenzufassen. Die Symbole könnten als Randbemerkungen zum Beispiel in einem Bericht angebracht werden.

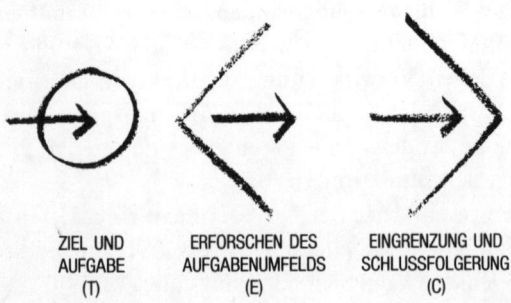

ZIEL UND AUFGABE (T)   ERFORSCHEN DES AUFGABENUMFELDS (E)   EINGRENZUNG UND SCHLUSSFOLGERUNG (C)

Der erweiterte Denkrahmen (PISCO)

Er setzt sich aus folgenden Punkten zusammen: »Zweck« (im Englischen »purpose« – »P«); »Eingabe« (»input« – »I«); »Lösung« (»solution« – »S«); »Wahl« (»choice« – »C«); »Handlung« (»operation« – »O«; aus den Anfangsbuchstaben der englischen Begriffe ergibt sich die Methodenbezeichnung »PISCO«).

Zweck

Was ist Zweck des Denkens? Was erwartet man als Endprodukt? Warum wird dieser Denkvorgang überhaupt ausgeführt? Dies ähnelt dem Bestimmungsziel beim vorher beschriebenen einfachen Denkrahmen, wobei hier jedoch das »Warum« des Denkens betont wird.

Eingabe

Hierbei handelt es sich um das Einbringen von Information, Erfahrung und was sonst für einen bestimmten Denkvorgang erforderlich ist. Auf dieser Stufe können zum Beispiel die Vorgehensweisen, alle Faktoren zu berücksichtigen (»CAF«), Folge- und Folgeerscheinungen (»C & S«) oder die Meinung anderer (»OPV«) einzukalkulieren, zur Anfertigung eines detaillierten Orientierungsplans herangezogen werden. Die »Eingabe« ist durchaus vergleichbar mit dem »Erforschen des Aufgabenumfelds« des einfachen »Denk-Rahmens«.

Lösung

Es gibt alternative Lösungen, Ideen oder Annäherungen für die Sache. Das Wort »Lösung« deutet auf ein Problem hin, zeigt aber in diesem Fall nur konkrete Alternativen an, die sich bieten. Die »Lösung« ist vergleichbar mit den Begriffen »Eingrenzung« und »Schlußfolgerung« des einfachen »Denk-Rahmens«.

Wahl

Hierbei geht es um die Wahl zwischen den in der vorherigen Stufe angebotenen Möglichkeiten. Es wird sowohl eine Entscheidung getroffen wie auch eine Bewertung durchgeführt, nach deren Abschluß eine Alternative übrigbleibt. Das Kapitel, wie man Entscheidungen trifft, könnte hier hilfreich sein.

Handlung

Dies ist die Stufe der Handlung. Hier wird die gewählte Alternative in die Tat umgesetzt. Welche Schritte sind zu unternehmen? Wie geht man vor? An diesem Punkt richtet man sein Augenmerk auf die Ausführung der Idee.

Symbolische Schreibweise des erweiterten Denkrahmens

Man kann die Struktur beider Denkrahmen miteinander kombinieren, wobei die einfache die allgemein gültige Struktur ist, während der erweiterte Denkrahmen die einzelnen Stufen offenlegt und vielleicht bei einem tatsächlichen Problem, das genau durchdacht werden muß, hilfreicher ist. Beim erweiterten Denkrahmen wird den einzelnen Stufen keine zeitliche Beschränkung auferlegt – man ist sich jedoch deutlich bewußt, welche Stufe gerade Anwendung findet. Die Anwendung des erweiterten Denkrahmens ist besonders geeignet, ein Problem zu identifizieren, das intensiveres Nachdenken erfordert, worauf der einfache Denkrahmen dann gezielt eingesetzt werden kann.

Die Struktur des einfachen Denkrahmens ist für allgemeine Zwecke sowie zum Training der Denkfertigkeit ausreichend – ein Überwechseln zur ausgefeilten Struktur des erweiterten Denkrahmens ist hier nicht erforderlich.

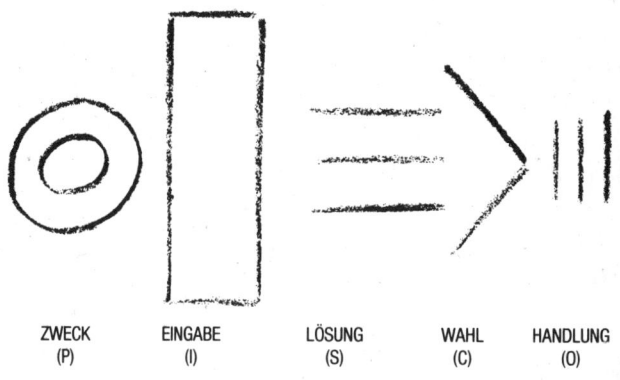

ZWECK	EINGABE	LÖSUNG	WAHL	HANDLUNG
(P)	(I)	(S)	(C)	(O)

Gezieltes Denkfertigkeitstraining

Wir lernen schwimmen nicht erst, wenn wir bereits untergehen. Ebensowenig lernen wir schwimmen, um dem Ertrinken vorzubeugen. Schwimmen dient zwar speziell diesem Zweck, aber wir lernen es auch, weil es viel Spaß bereitet. So könnte es auch beim Denken sein. Wir könnten unsere Denkfertigkeit trainieren, um dann im Notfall zuversichtlich und schlagfertig handeln zu können. Wir könnten sie auch deshalb trainieren, weil es uns Spaß macht, unser Denken anzuwenden. Schifahrer empfinden Freude an ihrem Sport, sie betrachten ihn nicht nur als eine Fortbewegungsart bei Schnee. Sich im Schifahren zu üben, ist ein Vergnügen für sich. Man kann Denken durchaus mit Schifahren vergleichen – in beiden Fällen tritt in der Lernphase ein Stadium auf, in der scheinbar nichts vorangeht, in der wenig Fortschritt erzielt wird. Beim

Denken zeigt sich dies, solange es auf das Ich bezogen ist, der Denker seine Richtigkeit beweisen will und in jeder Denksitzung alle Probleme dieser Welt lösen will.

Jemand, der von Ornithologie nichts versteht, kann nicht begreifen, was ein Vogelbeobachter tut. Er sieht nichts weiter als ein paar herumhüpfende Vögel. Man muß stets ein gewisses Verständnis für ein Gebiet aufbauen, bevor eine Gesetzmäßigkeit erkennbar wird. Erst dann fasziniert das Thema. Dasselbe gilt fürs Denken. Es gewinnt ebenfalls erst nach einiger Übung und Beobachtung an Faszination.

Denk-Clubs

Denken wird bereits an einigen Schulen als eigenständiges Fach unterrichtet. Dabei werden die CoRT-Denk-Lektionen (herausgegeben von Pergamon Press, Oxford) verwendet. Wer die Schule bereits hinter sich hat oder eine Schule besucht, an der kein Denkunterricht auf dem Stundenplan steht, für den gibt es keine öffentlichen Einrichtungen, um die allgemeinen Denkfertigkeiten, wie ich sie in diesem Buch hier beschrieb, zu üben. Deshalb schlage ich vor, »Denkvereine« zu gründen, in denen man gemeinsam mit anderen das Denken anhand spezieller Themen üben und die Denkfertigkeit bewußt und zielgerichtet trainieren kann.

Zum Abschluß dieses Buchs finden Sie ein Sonderkapitel, in dem ich beschreibe, wie man solch einen Denk-Club ins Leben ruft und leitet. Auf Seite 220 finden Sie auch eine Adresse verzeichnet, an die Sie sich wegen näherer Information über diese Clubs wenden können.

Allgemeine Denkfertigkeiten

Dieser Abschnitt befaßt sich mit der bewußten Anwendung des Denkens auf eine bestimmte Situation zu einer bestimmten Zeit, also bevor einige der hier vorgeschlagenen Gewohnheiten, Einstellungen und Strategien zur »zweiten Natur« werden. Beim bewußten Denken setzt man sich förmlich zum Fünf-Minuten-Denken hin, ist die Denkfertigkeit jedoch bereits »zweite Natur«, wendet man sie automatisch ohne bewußte Anstrengung in jeder Situation an. Am Ende braucht man beides: die allgemeine Denkfertigkeit als zweite Natur sowie die Fähigkeit, sich formal auf ein Thema zu konzentrieren. Dieses formale Stadium ist wesentlich, bevor sich überhaupt das Stadium der »zweiten Natur« entwickeln kann.

Zu diesem Zweck ist es nötig, sich einige der hier vorgeschlagenen Methoden durch bewußtes Training und Einhalten der Regeln zu erarbeiten, andernfalls werden diese Denk-Konzepte nie Bestandteil automatischer Denkvorgänge werden. Ohne dieses formale Training bleiben wir bei unserer ursprünglichen Aussage: »Ich bin ein intelligenter Mensch, ich halte mich für einen denkenden Menschen – was soll ich mich also weiter bemühen? Ich halte mich auch für aufgeschlossen und bin bereit, anderen zuzuhören.« Diese unbestimmten Anlagen entwickeln die Denkfertigkeit eines Menschen niemals zur Vollkommenheit all ihrer Möglichkeiten.

Die folgenden Punkte könnten als eine Art Gewohnheit Bestandteil der allgemeinen Denkfertigkeiten eines Menschen werden:

- die Bedeutung der Wahrnehmung und ihrer Natur als ein System begreifen, das Gesetzmäßigkeiten entwickelt und einsetzt;
- instinktiv nicht nur dann nach Alternativen suchen, wenn sich ein klares Bedürfnis abzeichnet, sondern auch dann, wenn keine Alternative erkennbar ist;
- Abscheu gegenüber Arroganz beim Denken;
- Abscheu gegenüber negativem Denken; Bevorzugung der Exlektik gegenüber der Dialektik;
- Widerwillen gegenüber negativem Denken als eine der einfacheren und billigeren Formen des Denkens;
- Bereitschaft, den Ideen anderer zuzuhören; gewohnheitsmäßige Berücksichtigung der Meinung anderer und deren logischer Ermessensräume;
- in Argumentiersituationen sowohl die Meinung beider Seiten

(»EBS«) berücksichtigen, sowie die Überprüfung von Meinungsgleichheit, -verschiedenheit und Nebensächlichkeit vornehmen; die Fähigkeit, in solchen Situationen Werte abzuklären;

- umfassendes Wissen um die Bedeutung von Emotionen, Gefühlen und Werten beim Denken; das Bemühen, zuerst bewußt zu denken, bevor Emotionen ausschlaggebend eingesetzt werden;
- breit angelegte Prüfung der Situation, bevor man zu einem Schluß gelangt. Man könnte dabei die Plus-, Minus- und interessanten Punkte (»PMI«) berücksichtigen, möglichst alle Faktoren (»CAF«) oder auch Folge und Folgeerscheinung (»C & S«);
- die Fähigkeit, Entscheidungen zu treffen;
- die Fähigkeit, Ziele und untergeordnete Ziele zu setzen und Handlungsabläufe zu entwerfen;
- die Fähigkeiten, den Bewegungswert von Ideen einzusetzen und Provokation bewußt auszulösen und einzusetzen;
- Begreifen des lateralen Denkens und die Bereitschaft, sich in seiner Wahrnehmung zu ändern, auch wenn dies erfolglos sein sollte; Mut zur Anwendung von Techniken, wie etwa die Stimulierung von Ideen durch Zufallsworte, wenn neue Ideen erforderlich sind;
- die Fähigkeit zum formalen, zielgerichteten Denken;
- Vorliebe für Effizienz; Anerkennung der »Operatik«;
- Denken als Fertigkeit wertschätzen; sich selbst als einen »Denker« betrachten.

Zusammenfassung

Dieses Buch basiert auf einer langjährigen praktischen Erfahrung, Personen verschiedener Altersgruppen, unterschiedlichen Bildungsstands sowie aus allen möglichen Kulturkreisen im Denken zu unterrichten. Es ist nicht nur allzu leicht, sich einfach in eine Ecke zu setzen und zu analysieren, was zum Denken eigentlich alles gehört, um dann diese Analyse als möglichen Denkunterricht vorzuschlagen. Dies kann dem praktischen Denkunterricht großen Schaden zufügen – und tut es auch.

Ein Aspekt des Denkunterrichts ist die Notwendigkeit, gewiße Fehlauffassungen zu beseitigen und gewisse Gewohnheiten rückgängig zu machen. So müssen wir beispielsweise wirklich damit aufhören, das Denken als »handelnde Intelligenz« zu sehen. Wir müssen es als eine Fertigkeit sehen, die jeder fördern und entwickeln kann. Wir müssen uns der »Intelligenzfalle« bewußt werden. Wir müssen den Mut haben zu sagen »ich bin ein Denker«.

Ferner müssen wir uns der Vorherrschaft westlicher Denkgewohnheiten mit ihren negativen Begriffen wie Konflikt, Kritik und Dialektik bewußt werden. Als Teilbereich des Denkens müssen wir dem negativen Denken den richtigen Stellenwert zuweisen, es dem kreativen, konstruktiven und planerischen Denken eindeutig nachstellen.

Wir müssen unsere Auffassungen von Denken und Handeln ändern. Dazu benötigen wir Begriffe wie »Operatik«; sie verleihen den Denkvorgängen, die sie beschreiben und die für eine Handlung wesentlich sind, den nötigen Status. Wir müssen die Effektivität des Denkens aufwerten und nicht bloß intellektuelle Spiele würdigen.

Wir müssen die wesentliche Rolle der Wahrnehmung beim Denken verstehen. Wir müssen begreifen, wie die Wahrnehmung als ein System mit eigenen Gesetzmäßigkeiten funktioniert, mit allen Folgen, die sich daraus ergeben. Das laterale Denken beispielsweise wäre dann die direkte und logische Folge.

Wir müssen Emotionen, Gefühlen und Werten den richtigen Stellenwert zuteilen. Letztendlich fällt ihnen beim Denken die wichtigste Aufgabe zu – jedoch nur dann, wenn sie am Ende des Denkvorgangs eingesetzt werden und nicht zu Anfang.

Wir müssen den praktischen Wert erkennen, in unserem Denken formal und überlegt vorzugehen statt nur herumzuschweifen. Schließlich hätten wir es möglicherweise gern, wenn die Gewohnheiten, Einstellungen und Strategien zu unserer zweiten Natur würden, aber dies wird uns durch bloße Wunschvorstellung nicht gelingen. Zuerst sind die formalen und überlegten Schritte an der Reihe.

Aus diesem Grund widmete ich einen gewissen Teil dieses Buchs so grundlegenden Themen wie dem Verstehen, der Wertschätzung, dem Finden von Perspektiven, der Aufklärung falscher Auffassungen und dem Versuch, eine tiefere Einsicht in die Denkvorgänge auszulösen. Manchmal mag ich vielleicht meine Ansichten etwas übertrieben ausgedrückt oder allzu deutlich vorgebracht haben, aber meine bisherigen Erfahrungen bestätigen mich eigentlich darin, daß ein derartiges Vorgehen notwendig ist. Größter Feind unseres Denkens ist das Gefühl, »sowieso gute denkerische Fähigkeiten aufzuweisen, weshalb wir eigentlich nichts diesbezüglich unternehmen müßten«. Ich kann dieser Meinung in keinem Fall zustimmen. Meiner Ansicht nach erzielten wir durchaus Erfolg auf technischem Gebiet und auch in sonstigen Bereichen. Aber ich glaube, daß wir weit größere Fortschritte hätten erzielen können, hätten wir unsere Denkfertigkeiten nicht so vernachlässigt und hätten wir nicht allzu oft das Denken anderen überlassen, die davon recht antiquierte Vorstellungen hatten.

Manchmal war es notwendig, neue Wörter zu erschaffen, um einen Begriff oder ein Konzept besser zu beschreiben. So war es beispielsweise vor vielen Jahren erforderlich, den Begriff »laterales Denken« zu erfinden, um damit ein Terrain zu beschreiben, das sich zwar in gewisser Weise mit Kreativität überschneidet, sich von dieser jedoch deutlich unterscheidet. Auch das Wort »po« fällt unter diese notwendigen Neuschöpfungen. Es stammt direkt aus der Logik der Mustersysteme. Dann führte ich in diesem Buch auch Begriffe ein wie »Bewegungswert« (einer Idee), Exlektik (im Unterschied zur Dialektik), »logischer Ermessensraum« (um auf direkte Weise den Komplex aus Wahrnehmungen und Struktur zu beschreiben), innerhalb dem eine andere Person logischerweise agiert, oder »Operatik« (im Unterschied zum beschreibenden Denken). Sie stellen alle ernst zu nehmende und notwendige Begriffe dar. Ich glaube, sie sollten Bestandteil unserer Sprache werden, da wir ohne neue Begriffe keine neuen Konzepte aufrechterhalten können – unweigerlich werden sie in die alten, vorhandenen Konzepte abgleiten, wenn wir weiterhin die herkömmlichen Wörter dafür verwenden müssen.

Daneben stehen beschreibende Ausdrücke wie beispielsweise die »Intelligenzfalle«, der »Everest-Effekt«, der »Dorfvenus-Effekt«, Entscheidungsfragen und Überlegungsfragen, intensives Lesen, Abgrenzung einer Entscheidung im voraus und im nachhinein. Jedoch haben diese Bezeichnungen nur einen Beschreibungs- und Kommunikationswert; die sich als nützlich erweisen, werden überleben und die unnötigen werden wieder verschwinden. Es genügt bereits, wenn sie dazu dienten, eine Idee zu übermitteln.

Und schließlich kommen wir zu den einzelnen »Techniken zur Aufmerksamkeitssteuerung«. Wer den wahren Zweck dieser Techniken voll erfassen will, sollte mein Buch »Teaching Thinking« lesen.

Ich bin mir durchaus im klaren darüber, daß die vielen Abkürzungen wie PMI, CAF, C & S, AGO oder OPV äußerst künstlich und nutzlos erscheinen. Auch die Lehrer bemängelten dies, als ich sie das erste Mal mit diesen Abkürzungen im Rahmen der CoRT-Denklektionen unmittelbar vor deren praktischer Erprobung konfrontierte. Nach einer gewissen Zeit der Übung und praktischen Erfahrung richteten sich diese Lehrer wieder an mich und verlangten mehr derartige Abkürzungen. Sie hatten festgestellt, daß es in der Praxis ein Bedürfnis nach einfachen Anweisungen gibt, die man dem eigenen Denken oder dem anderer erteilt. Die Anweisung »wenden Sie die PMI-Methode an« ist stets wirkungsvoller als die umschreibende Aufgabenstellung, stets beide Seiten einer Angelegenheit zu betrachten. Eigentlich überrascht dies nicht, da auch das System der Denkmuster nach diesem Prinzip funktioniert.

Diese Hilfsmittel (wie beispielsweise die PMI-Methode) können ganz bewußt zum Training eingesetzt werden, wobei der Übende den erzielten Fortschritt danach feststellen kann, wie gut er mit dieser Hilfsmethode zurechtkommt. Später werden diese zunächst bewußt geübten Vorgehensweisen automatisch ausgeführte Handlung – das heißt in anderen Worten, der Übende lernt, Konzepte in die Tat umzusetzen.

Wie sich der Leser wohl vorstellen kann, war ich über die Jahre endlosen Angriffen über die von mir angewandte Sprache sowie deren Künstlichkeit ausgesetzt. Derartige Angriffe werden nur von Leuten ohne praktische Erfahrung im Denkunterricht unternommen, denen es leichter fällt, sich auf derartige Attacken zu versteifen, als Grundbegriffe zu diskutieren. Am Ende wird das Praktische siegen. Die bisherige Erfahrung mit dem Denkunterricht bei Tausenden von Erwachsenen und Kindern untermauert die Verwendung dieser Hilfsmethoden zur Steuerung der Aufmerksamkeit. Ich gebe zu, gegenüber Fachsprachen selbst eine Abneigung zu haben, und aus diesem Grund vermeide ich die eigentlich dafür gebräuchliche Fachsprache der Psychologen, zumal ich nicht für diesen Berufsstand schreibe.

Es gibt Menschen, die glauben, daß sie sich ihres Denkens bewußt werden, indem sie ihm besonders große Aufmerksamkeit schenken – es wird ihnen wie dem Tausendfüßler ergehen, der so sehr über den Ablauf und die Folge jeder einzelnen Beinbewegung nachdachte, daß er sich schließlich völlig lahm legte. Dies ist ein wichtiger Punkt, und es gibt diverse wohlfeile Denksysteme, die genau diese Wirkung haben. Der Leser dieses Buchs wird jedoch sicherlich bemerkt haben, daß die hier vorgeschlagenen Hilfsmethoden nur dazu dienen, die Aufmerksamkeit zu lenken. Es enthält kein ausgefeiltes oder verwirrendes Schema über die Folge einzelner Schritte. Man denkt wie bisher, aber man setzt von Zeit zu Zeit und in beliebiger Folge diese Hilfsmethoden zur Steuerung der Aufmerksamkeit ein, um sich mehr Klarheit zu verschaffen. Auch wenn Sie alles bis auf eine einzige Methode (beispielsweise PMI) vergessen, haben Sie dennoch etwas erreicht. Vergessen Sie hingegen in einem sehr komplizierten System nur einen Teil, sind Sie nicht nur hilflos und verwirrt, sondern sind letztendlich verloren.

Muß man das Denken wirklich so bewußt üben, wie in diesem Buch vorgeschlagen? Die Antwort darauf lautet ja. Es verleiht gewisse Einsichten, Auffassungen und Klarheiten, die Ihr Denken bereits beim Lesen verbessern. Beispielsweise kann sich Ihre Einstellung negativem Denken gegenüber ändern. Aber auch andere Aspekte erfordern gezielte Übung. So trägt sich jeder mit der allgemeinen Absicht, die Mitmenschen zu berücksichtigen und in seine Überlegungen mit einzubeziehen – aber eine gründliche Übung nach der OPV-Methode führt zu einem völlig unterschiedlichen Ergebnis. Sie können übers Kochen oder Golfspielen oder Autofahren lesen, soviel Sie nur wollen – im Endeffekt zählt die Übung.

Wer schon immer mit seinem eigenen Denkvermögen und -verhalten zufrieden war, wird dies vielleicht weiterhin so bleiben und dieses Buch als unnötig empfinden. Ich wünsche all denen viel Glück. Ich denke stets an das Erscheinen meiner ersten Bücher über laterales Denken. Ich erhielt Briefe von weltweit als äußerst kreativ anerkannten Menschen, die mir berichteten, wie wertvoll die Bücher für sie seien.

Ich möchte nun mit einer Zusammenfassung meiner Erfahrungen abschließen. Sollten Sie jemals junge Menschen beobachtet haben, denen die Erlaubnis zu denken erteilt wurde, dann war es eine Vision.

Wie gründet man einen Denk-Club?

Zum Tennisspielen gibt es Tennisvereine, zum Golfspielen gibt es Golfclubs, zum Schifahren lange Abfahrtshänge. Sollte Denken wirklich eine Fertigkeit sein, wo könnte man es trainieren? Es gibt zwar alle möglichen Rätsel, Kriminalgeschichten und Brettspiele, aber diese decken nur einen geringen Teil des Denkens ab. Viele Menschen, die gute Denker sind und Freude am Denken empfinden, lösen überhaupt nicht gerne Rätsel oder spielen gerne – sie ziehen eine Denkweise vor, die breit ausgerichtet, effektiv und eher mit Weisheit als mit Klugheit zu tun hat. Wollen wir eine größere Entscheidung treffen, müssen wir Sie genau durchdenken – zum Beispiel wenn wir ein Haus kaufen oder die Arbeitsstelle wechseln. Es wäre nicht allzu sinnvoll, Schwimmen nur für den Notfall des Ertrinkens zu üben. Nur im Bedarfsfall zu denken bringt weder die nötige Übung noch macht es Freude. Denken wird auf diese Weise zur Medizin: Wir wenden sie nur dann an, wenn wir uns in Schwierigkeiten befinden.

Denk-Clubs bieten die Möglichkeit, das Denken als Fertigkeit üben zu können und Spaß daran zu gewinnen. Man muß keine richtigen Antworten herausfinden oder Prüfungen ablegen. Ein Denk-Club ist für all diejenigen gedacht, die Freude am Denken empfinden wollen und die ihre Denkfertigkeit entwickeln und fördern wollen. Denken unterscheidet sich in nichts von anderen Geschicklichkeiten oder Hobbies – soll es gefallen, muß man sich anstrengen. Sie werden kein besserer Tennisspieler oder Schifahrer, indem Sie eine Straße entlangwandern. Sie müssen gezielt üben, an einem Ort, der speziell dafür bestimmt ist.

Aufnahmevoraussetzungen

Um einen Denk-Club zu gründen oder ihm beizutreten, gibt es nur eine einzige Voraussetzung, nämlich Motivation. Sie müssen am Denken interessiert sein, und Sie müssen etwas dafür tun wollen.

Es gibt so viele Organisationen, bei denen man nur Mitglied werden kann, wenn man einen bestimmten Abschluß oder eine bestimmte Leistung oder einen bestimmten Intelligenzquotienten nachweisen kann. Auf Denk-Clubs trifft dies nicht zu. Jeder kann ihnen beitreten, sofern er ausreichend dazu motiviert ist. Dies erschwert jedoch die ganze Angelegenheit, da wahre Motivation sehr selten ist.

Viele Menschen behaupten, sie wären am Denken generell interessiert, aber sie sind nicht bereit, sich weiter darum zu bemühen. Es gibt zweierlei Möglichkeiten, die Motivation praktisch zu testen. Bei der ersten geht es um den »Geld-Wert« des Interesses. Wären Sie bereit, für diese Tätigkeit jede Woche den Preis einer Zigarette zu zahlen oder vielleicht gar den einer ganzen Packung Zigaretten oder eines Abendessens in einem Restaurant oder eines abendlichen Theaterbesuchs? Jeder kann so seine eigene Motivation prüfen.

Die zweite Art des Motivationstests ist, Interessen nach Prioritäten abzuschätzen. Welches Interesse nimmt den Vorrang gegenüber anderen ein? Würden Sie darauf achten, regelmäßig die Zusammenkünfte des Denk-Clubs zu besuchen oder nur, falls Sie an diesem Abend nichts besseres vorhaben? Hier kann man leicht erkennen, daß es nicht leichtfällt, an seiner Motivation festzuhalten, auch wenn sie als Qualifikation von jedem erbracht werden kann.

Zweck eines Denk-Clubs ist, Zeit und Ort zur Übung der Denkfertigkeit zu bieten. Hauptvorteil ist, daß der Anlaß Formsache ist. Jeder kennt den Grund seiner Anwesenheit – sonst wäre er nicht da.

Denkweise

Die in den Denk-Clubs angewandte Denkweise gleicht sehr der Art, die ich in diesem Buch beschrieb. Sie besitzt folgende Merkmale:

Sie hat eher mit Weisheit als mit Klugheit zu tun, eher mit gesundem Menschenverstand als mit intellektualisierendem Herumpicken.

Effizienz ist ein wichtiger Faktor dabei. Die »Operatik« trägt dem Rechnung, indem sie sich auf eine Denkart bezieht, die erforderlich ist, um etwas in die Tat umzusetzen. Sie stellt das Gegenteil von wirkungslosem Denken dar.

Hier handelt es sich definitiv nicht um die Denkweise, die dazu führt, die eigene Richtigkeit und die Unrichtigkeit anderer nachzuweisen. Ein Denk-Club ist nicht der Ort für Argumente und Vorurteile und die Verteidigung der eigenen Meinung. Er dient dazu, ein Thema offen zu erforschen und gebührend einzuschätzen. Ein Denk-Club ist für Menschen gedacht, die das Denken forschend anwenden wollen – er ist jedenfalls nicht Bühne für Rechthaber und Besserwisser. Dieser Punkt wird sicher von Zeit zu Zeit hervorzuheben sein.

Die Betonung liegt auf der Wahrnehmung – wie wir die Dinge betrachten. Es geht nicht um komplizierte Verarbeitungsformen wie beispielsweise in der Mathematik.

Denken muß neutral und objektiv sein. Denk-Clubs sind nicht dazu da, politische oder religiöse Ideen zu propagieren.

Denken muß positiv und konstruktiv sein. Dem Negativen wird zwar ein Platz im Denken eingeräumt, jedoch nur ein winzig kleiner innerhalb des Positiven und Konstruktiven. Und erbringt man im Denk-Club den Nachweis über die Dummheit eines Mitmenschen, so mag dies dort nicht die Beachtung erzielen wie andernorts.

Auch Humor sollte eine wichtige Rolle spielen. Es besteht überhaupt kein Anlaß, warum Denken feierlich und humorlos sein sollte, nicht einmal, wenn das Thema sehr ernster Natur ist.

Klarheit und Einfachheit sind wichtig. Die Gedanken sollten so deutlich wie nur möglich ausgedrückt werden. Kompliziert sein nur um des Kompliziertseins Willen ist verachtenswert.

Arroganz ist eine Hauptsünde.

Vor allem jedoch sind Denk-Clubs dazu da, die Denkfertigkeit zu trainieren und Freude daran zu vermitteln. Dies verlangt jedoch eine objektive Betrachtungsweise sowie die Zurückhaltung ichorientierter Ziele.

Insgesamt gibt es zwei Arten zu denken, einmal das Denken über das Thema selbst, zum anderen das Denken darüber, wie wir mit einem Thema umgehen (Werte, Vorurteile, Hemmnisse, Ideenmangel und so weiter). Diese Fähigkeit, das eigene Denkvermögen als Außenstehender zu sehen, gleicht der Fähigkeit eines Golfspielers oder Schifahrers, sein eigenes Können einzuschätzen, um so seine Geschicklichkeit zu verbessern.

Club-Aktivitäten

Zweck des Denk-Clubs ist, Ort, Zeit sowie Rahmen zur Übung, Entwicklung und Anwendung der Denkfertigkeiten zu bieten, einschließlich der Freude am Denken. Es gibt drei verschiedene Stufen:

1. Erlernen der grundlegenden Denkfertigkeiten;
2. Training dieser Fertigkeiten;
3. Anwendung dieser Fertigkeiten.

Anfangs konzentriert sich die Club-Aktivität auf das Erlernen der Grundkenntnisse, um sie fließend und gezielt anwenden zu können. Die Annahme, Denken werde ganz einfach erlernt, indem ein Thema vorgebracht und diskutiert wird, ist falsch. Vielmehr ist es nötig, das Augenmerk auf die Fertigkeit als solche zu richten. Später, wenn die Fertigkeit schon etwas mehr entwickelt ist, kann Denken auf spezifische Probleme und Aufgaben praktisch angewendet werden. Dies können Dinge des täglichen Lebens, persönliche Probleme, Geschäftsangelegenheiten und sonstige Angelegenheiten sein. Auch ein bestimmtes Buch, ein Zeitungsartikel oder ein Fernsehprogramm kann zum Gegenstand zielgerichteten Denkens werden. Ein Vereinsmitglied kann ein persönliches oder Geschäftsproblem beim nächsten Treffen vortragen. Das Denken kann auf die Planung und Durchführung einer gewissen Aufgabe gerichtet sein (wobei immer zu berücksichtigen ist, daß »Effektivität« wichtiger Bestandteil des im Club praktizierten Denkens ist).

Aber all dies wird erst zu einem späteren Stadium aktuell, und es kann nur schaden, derartige Problembehandlungen zu früh zu versuchen.

Form und Disziplin

Es mag vielleicht viele Leser schockieren, daß ich den Wert von Form und Disziplin in diesen Denk-Clubs hoch ansetze. Da ich eigentlich großen Wert auf frei fließendes Denken außerhalb festgesetzter Bahnen lege, erscheint es nur logisch, daß ich formelle Strukturen vermeiden würde. Tatsächlich ist jedoch genau das Gegenteil der Fall. Da es ja keine richtigen Antworten und festgelegten Vorstellungen gibt, ist eine sehr strenge Strukturdisziplin erforderlich, ohne die es nur Unordnung und vages Umherirren gäbe. Wie beim Ballett- oder sonstigem Training auch liegt der wahre Sinn der Disziplin darin, daß nur durch sie etwas erreicht werden kann. Und wenn wir das Denken als Fertigkeit sehen, die gezielt und überlegt anzuwenden ist, dann müssen wir auch in der Lage sein, sie willentlich einzusetzen und zu lenken. Nur durch die starre Struktur erlangen wir die Freiheit der Zufriedenheit.

Ein strenger Zeitrahmen ist wichtig. Ist eine Sitzungsdauer von einer Stunde angesetzt, dann sollte sie auch nur eine Stunde dauern. Hat man drei Minuten Zeit, über ein Problem nachzudenken, dann sollte nach diesen drei Minuten eine Glocke läuten und das Denken aufhören. Wie ich bereits an anderer Stelle dieses Buches erwähnte, stellt Zeitdisziplin tatsächlich eine Befreiung dar. Sie bedeutet, daß man sich ganz genau in ein Thema vertiefen kann. Sie bedeutet, daß das Denken innerhalb begrenzter Zeit durchgeführt wird – und nicht, bis eine Lösung des Problems erreicht wurde.

Disziplin und Ritual sind ein guter Ersatz für Enthusiasmus, wie viele Klosterbewohner bestätigen können. Begeisterung kommt und geht, sie hängt von der momentanen Laune ab. Disziplin hält die Dinge in Bewegung, wenn der ursprüngliche Enthusiasmus abnimmt und eine andere Art Begeisterung einsetzt. Ferner bedeutet die Form der Disziplin, daß das Denken auf das Thema selbst statt auf die Struktur gerichtet werden kann.

Hoffentlich konnte ich mich klar genug ausdrücken. Langjährige Erfahrung lehrte mich, daß dies äußerst wichtig bei der Entwicklung der Denkfertigkeit ist. Ohne Disziplin, so glaube ich, können Denk-Clubs nicht funktionieren. So muß beispielsweise der Stundenplan für die einzelnen Versammlungen schon im vorhinein festgelegt sein (etwa jeden ersten und dritten Montag im Monat), da andernfalls keiner mit einer Regelung einverstanden sein wird und außerdem das Gefühl der »Verpflichtung« verlorengeht.

Organisation

Hierzu gibt es viele Aspekte: Teilnehmer, Versammlungsort, Zeitplan, Tagesordnung, Kommunikation und so weiter.

Teilnehmer

Ein Denk-Club besteht aus genau sechs Mitgliedern. Es können wenige Gäste hinzugezogen werden, die jedoch niemals als ordentliche Mitglieder gelten. Nimmt ein Mitglied nicht regelmäßig an den Versammlungen teil, übernimmt ein Gast seinen Platz (ein Mitglied sollte an mindestens drei Vierteln aller Sitzungen teilnehmen). Ist die Gästeanzahl ausreichend, kann ein weiterer Club mit sechs Mitgliedern gegründet werden. Vorübergehend – beispielsweise in der Gründungsphase – kann es auch weniger Mitglieder geben. Die Anzahl von sechs Mitgliedern wird deshalb vorgeschrieben, da sie sich als beste Gruppengröße zur Übung der Denkfertigkeit erwies. Die sechs Mitglieder können als Gruppe zusammenarbeiten oder sich in zwei Dreiergruppen aufteilen.

Organisator und Gastgeber

Der Organisator trägt die allgemeine Verantwortung für die Versammlung und fungiert gleichzeitig als Gastgeber. Er ist dafür verantwortlich, daß die Versammlung stattfindet, ferner für den Ablauf während des Treffens. Der Organisator sollte anerkannt und kompetent sein und gut mit Menschen umgehen können. Jemand mit Charme, aber ohne Kompetenz könnte diese Rolle nicht ausfüllen. Der Organisator kann folgende Aufgaben delegieren: Kontrolle des Zeitplans, Notizen niederschreiben sowie die Verständigung untereinander. Es sollte stets der gleiche Organisator tätig sein. Möchte ein anderes Club-Mitglied Organisator werden und scheint die erforderliche Kompetenz dafür mitzubringen, dann kann nach Ablauf von jeweils sechs Monaten ein Wechsel vollzogen werden. Die Rolle sollte jedoch keinesfalls anderen Mitgliedern, die dazu weder gewillt noch kompetent sind, übertragen werden. Es sollte stets einen Ersatz-Organisator geben für den Fall, daß der eigentliche Organisator erkrankt oder aus anderem Anlaß an der Versammlung nicht teilnehmen kann.

Zeit-Kontrolleur

Diese Aufgabe ist äußerst wichtig, da der Zeit-Kontrolleur sowohl äußerst genau wie durchsetzungsfähig sein muß. Die Treffen müssen pünktlich beginnen und ebenso enden – auch wenn dies manchmal ein interessantes Thema gewaltsam beendet. Der Zeit-Kontrolleur überprüft auch die Zeit, die den Übungsthemen zugeteilt wird. Viele Armbanduhren weisen heute bereits Stoppuhrfunktionen auf. Schlampigkeit in der Zeit-Kontrolle führt bald zu allgemeiner Schlampigkeit und Zielverlust.

Protokollschreiber

Seine Aufgabe ist es, einen Gesamtbericht über jede Sitzung im Versammlungsbuch niederzuschreiben. Dies erfordert großes Geschick, die Dinge in der richtigen Reihenfolge sowie deren wesentlichen Inhalt festzulegen. Die Zusammenfassung sollte zwischen drei- bis fünfhundert Wörter umfassen.

Vermittler/Kommunikator

Er ist damit beauftragt, die Mitglieder an die nächste Zusammenkunft zu erinnern und sicherzustellen, daß ihm über eventuelle
Abwesenheiten Mitteilung gemacht werden.

Versammlungsort

Idealer Versammlungsort ist eine Wohnung, da ein Gasthaus nicht
die erforderliche Form aufweist. Die Treffen sollten stets am gleichen Ort und zur gleichen Zeit stattfinden. Ein Ersatztreffpunkt
sollte für den Fall, daß der eigentliche Versammlungsort einmal
nicht benützt werden kann, berücksichtigt werden.

Häufigkeit

Idealer Zeitabstand zwischen einer Versammlung und der nächsten
sind zwei Wochen – einmal pro Woche ist zu häufig und einmal im
Monat zu selten. Die Termine sollten im voraus festgelegt werden
und vorhersehbar sein (beispielsweise der erste und dritte Montag
im Monat). Die Termine so zu legen, daß jedes Vereinsmitglied
einverstanden sein wird, ist ein Ding der Unmöglichkeit. Zu Ferien-
zeiten sollten gewisse Zugeständnisse gemacht werden.

Dauer

Die ersten vier Versammlungen sollten nicht länger als eine Stunde
pro Sitzung dauern. Die nächsten vier Versammlungen sollten
jeweils eineinhalb Stunden dauern. Danach können für die Treffen
auch zwei Stunden anberaumt werden. Am Ende der festgesetzten
Zeit sollte die Sitzung auf jeden Fall abgebrochen werden, auch
wenn die Anwesenden aus gesellschaftlichen Gründen noch etwas
verweilen. Man wird häufig verleitet, das Denken und Diskutieren
fortzusetzen, wenn dies einmal besonders gut gelingt. Dieser Fehler
ist zu vermeiden, da er die Betonung vom Training der Denkfertig-

keit auf das »Finden von Lösungen« verlagert und so das Ziel der Versammlungen verändert.

Club-Buch

Jeder Denk-Club sollte ein Club-Buch zum Bericht über jede Sitzung besitzen. Darin sollten Zeit, Ort und die Anzahl der Anwesenden verzeichnet werden, ferner die »Tagesordnung« und eine Zusammenfassung der Denkvorgänge.

Club-Verzeichnis

Meine Absicht ist es, ein Verzeichnis aller Denk-Clubs zu erstellen sowie ein internes Kommunikationsmedium, etwa eine Zeitschrift, zu gründen. Am Ende dieses Abschnitts finden Sie eine Adresse, an die Sie sich mit eventuellen Fragen wenden können.

Inhalt

Um dem Denken und der Einstellung zum Denken als Fähigkeit eine einheitliche Linie zugrunde zu legen, gehe ich davon aus, daß alle Vereinsmitglieder dieses Buch gelesen haben. Nur so ist es möglich, sich auf die verschiedenen in diesem Buch erwähnten Methoden zu beziehen, ohne sie nochmals im Detail erklären zu müssen.

Nachstehend finden Sie zwei Beispiele für die Tagesordnung von Probeversammlungen. Weitere Tagesordnungsbeispiele können schriftlich bei mir über die am Ende dieses Abschnitts angegebene Adresse angefordert werden.

Zwei Dinge sind für den Inhalt einer Sitzung wichtig: erstens das Üben und Entwickeln der grundlegenden Denkfertigkeiten. Anfangs ist die Versuchung groß, allzuviel auf einmal zu tun. Dies führt normalerweise zu einer Art argumentierenden Diskussion und zu einer gewissen Ziellosigkeit, die den eigentlichen Inhalt der

Versammlung zerstört. Zweitens ist es *stets* notwendig, das Gleichgewicht zwischen Ernst und Humor zu wahren. Die Menschen neigen dazu, im Denken etwas »Ernstes« und »Schwerwiegendes« zu sehen, aber das ist falsch. Weniger naheliegende oder lustige Themen sind ein viel besserer Übungsgegenstand als ernste Themen, da die Menschen gewöhnlich bei ernsten Themen ihre Vorurteile und stereotypen Antworten vorbringen, anstatt zu denken. Zuerst einmal muß anhand anderer Übungsgegenstände Vertrauen ins Denken aufgebaut werden. Das Verhältnis zwischen lustigen und ernsten Themen sollte mindestens gleich, vorzugsweise jedoch drei zu eins sein (zumindest anfangs).

Erste Versuchssitzung

Nachfolgend eine Beispiel-Tagesordnung einer Versammlung:

1. Der Organisator erklärt, daß Thema der Zusammenkunft die grundlegende PMI-Methode sei. Er ruft den Teilnehmern die Methode in Erinnerung und weist auf die »Plus«-, »Minus«- und »interessanten« Punkte hin. Gesamtzeit: zwei bis drei Minuten.

2. *Erste Übung:* Die sechs Mitglieder arbeiten als Gruppe zusammen. Je zwei Minuten Zeit stehen zur Verfügung für die Pluspunkte, die Minuspunkte und die interessanten Punkte. Der Zeitkontrolleur achtet auf die genaue Einhaltung dieser Zeitvorgaben.
   Thema: »Jeder sollte eine Anstecknadel tragen, die seine persönliche Laune anzeigt.«
   Zeit: sechs Minuten
   (Wenn die Gruppe gemeinsam arbeitet, muß keine Besprechungszeit eingeplant werden.)

3. *Zweite Übung:* Es werden zwei Gruppen mit je drei Teilnehmern gebildet. Beide Gruppen sollten räumlich etwas voneinander entfernt sein, so daß die Diskussion unabhängig voneinander ablaufen kann. Jede Gruppe arbeitet die PMI-Methode durch, wobei sie für jeden einzelnen Abschnitt zwei Minuten Zeit zur Verfügung hat. Der Zeit-Kontrolleur achtet darauf, daß jede der

beiden Gruppen die vorgegebene Zeit genau einhält und recht-
zeitig zum nächsten Übungsabschnitt überwechselt. Nach
Ablauf der sechs Minuten treffen sich die beiden Gruppen
wieder, und jede einzelne berichtet über ihr Ergebnis. Dies ist
die Zeit für Rückmeldungen. Ein Mitglied jeder Gruppe sollte
sich knappe Notizen aufgeschrieben haben.

Thema: »Es wäre nützlich, zusätzlich zum normalen Augenpaar
auch Augen im Hinterkopf zu haben.«

Arbeitszeit: sechs Minuten; Rückmeldezeit: vier Minuten; zehn
Minuten insgesamt.

4. *Dritte Übung:* Jedes Mitglied wird beauftragt, einen einzigen Teil
der PMI-Methode durchzuführen (P oder M oder I). Jeder
Teilnehmer arbeitet zwei Minuten lang für sich allein.

Thema: »Wachhunde sollten darauf abgerichtet werden, statt zu
bellen, sich davonzuschleichen und einen Einbrecheralarm-
Knopf zu drücken.«

Nach Ablauf von zwei Minuten treffen sich die Gruppen, und
jeder Einzelne erstattet nacheinander Rückmeldung.

Arbeitszeit: zwei Minuten; Rückmeldezeit: vier Minuten.

5. *Vierte Übung:* Die Teilnehmer werden in zwei Gruppen mit je
drei Mitgliedern unterteilt, wobei jede Gruppe die vollständige
PMI-Methode durchführt. Für jeden Abschnitt hat man zwei
Minuten Zeit, wobei der Zeitkontrolleur die einzelnen Zeitpha-
sen ankündigt. Nach Ablauf der sechs Minuten treffen sich die
Gruppen und besprechen und vergleichen ihre Ergebnisse.

Thema: »Nach Abschluß der Schule sollte jeder Jugendliche ein
Jahr lang »Staatsdienst« ableisten, der aus Gemeindearbeit,
Krankenhausdienst, Unterrichten usw. bestehen könnte.«

Arbeitszeit: sechs Minuten; Rückmeldezeit: fünf Minuten; elf
Minuten insgesamt.

6. *Diskussion:* Hier könnten Dinge besprochen werden wie etwa,
welchen Wert hat die PMI-Methode – wann ist sie am nütz-
lichsten? – Welche »Gefahren« birgt die PMI-Methode? –
Erscheint der formale Ablauf der PMI-Methode anfangs
fremd? – Erscheint der strikte und kurze Zeitplan anfangs

unbequem? – Schwierigkeiten bei der PMI-Methode im Teil »interessant«.

Weitere Diskussionspunkte können auch dem entsprechenden Kapitel dieses Buchs entnommen werden.

Gesamtzeit: zehn Minuten.

7. *Fünfte Übung:* Die Gruppe arbeitet zusammen. Je zwei Minuten werden für die wechselnden Abschnitte vorgegeben; der Zeit-Kontrolleur überwacht dies.

Thema: »Bei Wahlen sollte jeder zwei Stimmen haben, wobei eine davon in negativer Weise verwendet werden kann, um damit eine Stimme für einen Kandidaten, den man nicht befürwortet, zu stornieren.«

Zeit: sechs Minuten.

8. *Übungsthemen:* Jeder Teilnehmer hat drei Minuten zur Verfügung, um »Übungen« niederzuschreiben, auf die bei künftigen Gelegenheiten einzelne Denkfertigkeiten Anwendung finden könnten. Sie sollten sowohl »lustiger« wie auch »ernster« Art sein. Jeder Teilnehmer gibt seinen Vorschlag beim Protokollführer ab, der sie einsammelt und für spätere Gelegenheiten aufhebt.

Arbeitszeit: drei Minuten; Rückmeldezeit: vier Minuten; Gesamtzeit: sieben Minuten.

9. *Ende der Sitzung:* Hinweis auf das nächste Treffen sowie auf die geplante Denkfertigkeitsübung, bei der es um »Alternativen, Möglichkeiten und End-Auswahl« (»APC«) gehen wird. Die Vereinsmitglieder werden aufgefordert, den entsprechenden Abschnitt im Buch nachzulesen.

Zeit: 1 Minute.

Gesamtzeit: sechzig Minuten.

An diese Gesamtzeit sollte man sich halten. Falls erforderlich, kann die Arbeitszeit der einzelnen Abschnitte verringert werden (sogar bis zu einer Minute Übungsdauer). Der Abschnitt zur Erarbeitung neuer Übungsthemen kann gekürzt oder sogar ausgelassen werden, sollte dies notwendig sein. Wichtig ist, daß der Gesamtzeitplan eingehalten wird. Andernfalls dehnen sich die Sitzungen zum endlosen Gerede aus.

Nach Ablauf der Versammlung möchten einige der Mitglieder vielleicht noch aus Gründen gesellschaftlicher Kontakte verweilen. Dem ist nichts entgegenzusetzen, jedoch sollte unbedingt darauf geachtet werden, daß keinerlei Denkübungen oder eine Diskussion darüber stattfinden. Später wird die Sitzungsdauer auf zwei Stunden ausgedehnt, für den Anfang wäre dies jedoch zu lang.

Zweite Versuchssitzung

Nachfolgend eine Beispiel-Tagesordnung dieser Versammlung:

1. Der Organisator erklärt, daß das Thema der Sitzung die Zielgeschicklichkeit »Alternativen, Möglichkeiten und Endauswahl« (»APC«) sei.
   Der Schwerpunkt liegt auf den Alternativen – alternative Ausführungsmöglichkeiten.
   Zeit zur Erklärung dieses Sitzungsziels: zwei bis drei Minuten.
2. *Erste Übung:* Jedes Mitglied arbeitet für sich an alternativen Ausführungen zum jeweiligen Thema. Eingeräumte Zeit: zwei Minuten. Danach versammeln sich die Teilnehmer zum Ergebnisvergleich.
   Thema: »Eines frühen Morgens wird eine Frau dabei beobachtet, wie sie drei rote Socken im Garten vergräbt, wobei sie jeden Socken in ein gesondertes Loch legt. Welche verschiedenen Erklärungen kann es dafür geben?«
   Arbeitszeit: zwei Minuten; Rückmeldezeit: vier Minuten; Gesamtzeit: sechs Minuten.
3. *Zweite Übung:* Die Gruppe teilt sich in drei Paare auf. Jedes Paar bemüht sich drei Minuten lang, mehrere Annäherungsmöglichkeiten an die gestellte Aufgabe zu finden. Nach Ablauf der drei Minuten vergleichen die Paare gemeinsam ihre Aufzeichnungen.

Thema: »Finden Sie verschiedene Möglichkeiten, um die gesamte Flüssigkeitsmenge, die ein Mensch innerhalb von vierundzwanzig Stunden trinkt, zu messen.«

Arbeitszeit: drei Minuten; Rückmeldezeit: vier Minuten; Gesamtzeit: sieben Minuten.

4. *Dritte Übung:* Die Gruppe sitzt zusammen. Der Organisator fragt jeden Teilnehmer nacheinander nach einer Alternative. Fällt einem Mitglied keine weitere Möglichkeit ein, gibt es auf, und der nächste Teilnehmer ist an der Reihe. Können mehr als drei Personen nacheinander keine Alternativen mehr vorbringen, wird die Frage zur allgemeinen Diskussion freigegeben.

Thema: »Suchen Sie nach alternativen Methoden des Energiesparens sowohl im Haus wie auch allgemein. Gemeint ist jene Energie, für die man bezahlen muß.«

Zeit: bis zu acht Minuten, danach wird die Übung abgebrochen.

5. *Vierte Übung:* Zwei Gruppen von je drei Teilnehmern suchen nach alternativen Vorgehensweisen bei einer gegebenen Situation. Nach Ablauf von drei Minuten vergleichen die Gruppen ihre Alternativen.

Thema: »Ein Vater stellt fest, daß der Sohn das Auto der Familie verkaufte, um dringende Schulden zu begleichen. Der Sohn gibt den Käufer des Wagens preis. Welche Möglichkeiten stehen dem Vater offen?«

Arbeitszeit: drei Minuten; Rückmeldezeit: vier Minuten; Gesamtzeit: sieben Minuten.

6. *Diskussion:* Diese bezieht sich auf Feststellungen und Fragen in den entsprechenden Kapiteln dieses Buchs sowie auf folgende Punkte:

Wann suchen wir nach Alternativen und wann nicht?

Welche Gefahren ergeben sich, wenn man ständig nach Alternativen sucht?

Warum ist es manchmal schwierig, Alternativen zu finden?

Sollte man alle Alternativen, also auch unwahrscheinliche, auflisten?

Wie breit sollten die verschiedenen Gruppen von Alternativen angelegt sein?

Zielen die Alternativen alle in die gleiche Richtung oder jede in eine unterschiedliche?

Gesamtzeit: zehn Minuten; strikter Abbruch der Übung.

7. *Fünfte Übung:* Die Gruppe arbeitet gemeinsam. Zuerst wird jedem einzelnen eine zweiminütige Denkzeit gewährt. Dann wendet sich der Organisator an jedes einzelne Mitglied, um von ihm eine Alternative für jedes der nachfolgenden Themen zu erfahren. Die Alternative hat die gleiche Aufgabe zu erfüllen.

Thema: »Alternativen, die dieselben Funktionen erfüllen könnten wie eine Leiter, eine Tasse, ein Hund, ein Schlüssel, ein Fenster.«

Denkzeit jedes einzelnen Teilnehmers: zwei Minuten; Rückmeldezeit: vier Minuten; Gesamtzeit: sechs Minuten.

8. *Sechste Übung:* Die Gruppe arbeitet zusammen, um alternative Annäherungen an ein gegebenes Problem zu finden. Diese Annäherungsmöglichkeiten werden in grobe Gruppierungen aufgeteilt.

Thema: »Möglichkeiten, dem Problem wachsender Kriminalität auf den Straßen näherzukommen. Eine Annäherung muß keine Lösung beinhalten, aber verschiedene Wege, das Problem anzugehen oder zu sehen.«

Zeit: sieben Minuten.

9. *Übungsthemen:* Jedes Gruppenmitglied verbringt zwei Minuten damit, ein Übungsthema zu entwerfen, das in einer ähnlichen Sitzung auf die APC-Zielgeschicklichkeit angewendet werden könnte. Der Übungsgegenstand könnte sowohl »lustiger« wie auch »ernster« Art sein. Anschließend folgt eine Diskussion. Der Protokollführer sammelt die Vorschläge zur späteren Verwendung ein.

Denkzeit: zwei Minuten; Rückmeldezeit: zwei Minuten.

10. *Ende der Versammlung.* Bekanntgabe des Termins und des Themas der nächsten Sitzung.

Auch in dieser Übungssitzung sollte ein strenger Zeitplan eingehalten werden, sogar wenn die Zeit für jedes einzelne Thema
gekürzt werden muß. Besonders die Rückmeldezeiten sollten
keinesfalls überschritten werden. Die Erarbeitung neuer Themen
kann ausgelassen werden, falls nötig.

Was zu vermeiden ist

Die Erfahrung zeigte, daß gewisse Dinge – auch wenn sie anfangs
besonders attraktiv erscheinen – Versammlungen des Denk-Clubs
zunichte machen können.

Ein Mangel an Zeitdisziplin sowie das Festhalten an einer Diskussion, die sich als besonders »interessant« erweist.

Ein Mangel an Zielgerichtetheit beim Üben einer speziellen
Denkfertigkeit; gewöhnlich arten diese »Übungen« in Gerede
aus.

Ich-bezogene Argumente sowie das Bedürfnis, einen Punkt oder
sich selbst als richtig zu beweisen und der gegnerischen Partei
Unrecht nachzuweisen.

Ein Übermaß an ernsten oder »schwerwiegenden« Themen
fördern häufig stereotype Ansichten und Faktenaufzählungen und
wirken ermüdend.

Die Unfähigkeit zu erkennen, daß einfache Vorgehensweisen,
die an »lustigen Themen« ausprobiert werden, große Geschicklichkeit aufbauen können.

Zu starker Ehrgeiz und zu große Eile, die sich entwickelnden
Denkfertigkeiten im täglichen Leben einzusetzen oder zur Lösung
persönlicher Probleme von Vereinsmitgliedern. Mit der Zeit wird
dies zwar Ziel des Vereins sein, jedoch nicht zum gegebenen Zeitpunkt.

Allgemeine Lässigkeit und Nichtbeachtung der vorgegebenen
Struktur. Zu intensive Beschäftigung mit Themen, statt sie lediglich
als Übungsmaterie für Denkmethoden zu betrachten.

Die geringe Bereitschaft, das für die Übung wichtige »Denken«
statt lediglich das Thema in den Vordergrund zu stellen.

Ein schwacher Organisator oder der Versuch, dessen Aufgabe verschiedenen Vereinsmitgliedern nacheinander zu übertragen, was nicht zuletzt auch den Organisator in seiner Position schwächt.

Fehlendes Verständnis für Humor.

Politische oder ideologische Tendenzen.

All dies kann man vermeiden, wenn Ziel, Struktur sowie Zeitplan eingehalten werden. Gerede, das Ich sowie Arroganz sind die großen Feinde. Motivation ist wichtig. Ist ein Mitglied nicht ausreichend motiviert, an den Versammlungen teilzunehmen, sollte es ausgeschlossen werden.

Mitglieder eines Denk-Clubs

Wer sind die Mitglieder? Leser dieses Buchs können beispielsweise Freunde zu einem Essen oder einem Glas Wein einladen, um bei dieser Gelegenheit darüber zu diskutieren. Man kann seine Mitmenschen dazu überreden, dieses Buch oder zumindest dieses Kapitel zu lesen. Man kann auch einen Aushang in der Bibliothek oder der Arbeitsstelle machen und so die Leute zur Kontaktaufnahme anregen. Eine weitere Möglichkeit ist ein Inserat in der Lokalzeitung. Mitglieder einer Gruppe möchten vielleicht auch eine eigene Gruppe bilden. In diesem Fall können zukünftige Mitglieder als Gasthörer zu bereits gegründeten Clubs bei deren Versammlungen eingeladen werden.

Diskutieren Sie irgend eines meiner Bücher (oder gegebenenfalls die Fernsehserie der BBC) und erwähnen Sie dabei die Idee, einen Denk-Club zu gründen. Oder diskutieren Sie das Thema Denkunterricht an Schulen und schlagen Sie einen Denk-Club vor für all jene, die nicht mehr zur Schule gehen.

Eine Familie kann auch einen eigenen Denk-Club gründen – oder zusammen mit einer benachbarten Familie. Auch für die Kinder in der Nachbarschaft kann ein Club errichtet werden.

Denk-Clubs können formaler Anlaß sein, sich regelmäßig zu treffen, ohne daß dabei Kosten anfallen wie sie bei derartigen

Gelegenheiten möglich sind. Zu Anfang wäre es jedoch vielleicht empfehlenswert, ein paar positiv gesinnte Freunde zu einer kleinen Feier einzuladen, bei der eine Stunde auf eine Versuchssitzung nach dem hier vorgeschlagenen Musterablauf verwendet werden könnte. Ist der Ton bestimmt und die Übung bleibt zielgerichtet und artet nicht in »Drohung« oder Langeweile aus, dann kann man annehmen, daß die meisten viel Spaß dabei empfinden, ihren Verstand in dieser Weise einzusetzen. Die Menschen haben es gerne, einen gewissen festgelegten Rahmen, einen Club zu haben, wo man sich treffen und mit anderen reden kann.

Zusätzliche Information

Dieser Abschnitt über den Denk-Club ist ziemlich kurz, da er eigentlich Bestandteil eines anderen Buchs ist. Wer weitreichendere Informationen wünscht, sollte mir ein frankiertes und adressiertes Kuvert in ausreichendem Format zusenden. Ich beabsichtige ferner, ein Verzeichnis von Denk-Clubs (und Denkern) zu erstellen sowie zusätzliches Material wie Tagesordnungspunkte für einzelne Zusammenkünfte und – später – Denkaufgaben zu liefern. Einzige Qualifikation dafür ist Motivation. Dies erscheint einfacher, als es in Wirklichkeit ist.

Zur weiteren Information schreiben Sie bitte an

Thinking Information
P.O.Box 3DB
London W1A 3DB.

Abkürzungen

ADI   Agreement; Disagreement und Irrelevance (Meinungsgleichheit, Meinungsverschiedenheit, Nebensächlichkeit)

AGO   Aims, Goals and Objectives (Absicht, Zweck und Ziel)

APC   Alternatives, Possibilities, Choices (Alternativen, wahrscheinliche Möglichkeiten und End-Auswahl)

CAF   Consider All Factors (Bedenken Sie alle Faktoren)

CoRT   Cognitive Research Trust (Stiftung zur Förderung der kognitiven Forschung)

C & S   Consequence and Sequel (Folge und Folgeerscheinung)

EBS   Examine Both Sides (Prüfen Sie beide Seiten)

FI – FO   In*Formation-In* – in*Formation-Out* (integrierte und nicht enthaltene Information)

OPV   Other People's Views (Anderer Leute Meinung)

PISCO   P   Purpose   (Zweck)
                   I   Input   (Eingabe)
                   S   Solution   (Lösung)
                   C   Choice   (Wahl)
                   O   Operation   (Handlung)

PMI   Plus, Minus and Interesting (plus, minus und interessant)

po   Hy*po*these (Annahme); Sup*po*sition (Voraussetzung); *Po*ssibilität (Möglichkeit); *Po*esie (Stimmung)

TEC   T   Target and Task (Ziel und Aufgabe)
                   E   Expand and Explore (erweitern und erforschen/Erforschung des Aufgabenumfeldes)
                   C   Contract and Conclude (Eingrenzung und Schlußfolgerung)

Register

Bibliographie und Hinweise

Bücher von Edward de Bono

* *The use of lateral thinking* Cape, 1967; Penguin Books, 1971. Unter dem Titel *New think: the use of lateral thinking in the generation of new ideas* New York: Basic Books, 1968.

* *The five-day course in thinking* New York: Basic Books 1967; Allen Lane, 1968 Penguin Books, 1969 mit »The L game«.

* *The mechanism of mind* Cape, 1969; Penguin Books, 1971; New York: Simon and Schuster, 1969.

* *Laterial thinking: a textbook of creativity* Ward Lock, 1970; Penguin Books, 1977. Veröffentlichung unter dem Titel *Lateral thinking: creativity step by step* New York: Harper, 1973.

* *Laterales Denken: Ein Kurs zur Erschließung Ihrer Kreativitäts-reserven* Düsseldorf, Wien, New York: Econ Verlag, 1989.

* *Lateral thinking for management* McGraw-Hill, 1971; Penguin Books, 1982; New York: American Management Association, 1971.

Technology today Routledge and Kegan Paul, 1971.

Practical thinking: four ways to be right, five ways to be wrong, five ways to understand Cape, 1971; Penguin Books, 1976.

The dog-exercising machine Cape, 1970; Penguin Books, 1971; New York: Simon and Schuster, 1971.

Children solve problems Allen Lane, 1972; Penguin Books, 1972; New York: Harper, 1974 o. p.

Po: beyond yes and no Penguin Books, 1973. Auch veröffentlicht unter
PO: a device for successful thinking New York: Simon and Schuster, 1972.

Think tank Think Tank Corporation, Canada, 1973.

Eureka! an illustrated history of inventions from the wheels to the computer Thames and Hudson, 1974; Paperback 1979; New York: Holt, 1974; Harper, Row and Winston, 1979.

* *Teaching thinking* M. Temple Smith, 1976; Penguin Books, 1979; New York: Transatlantic, 1977.

The greatest thinkers: the thirty minds that shaped our civilization Weidenfeld and Nicolson, 1976; New York: Putnam, 1976.

Word power: an illustrated dictionary of vital words Pierrot Publishing, 1977; Penguin Books, 1979; New York: Harper and Row, 1977.

The happiness purpose M. Temple Smith, 1977; Penguin Books, 1979.

The case of the disappearing elephant: a 3 G mystery Dent, 1977

* *Opportunities: a handbook of business opportunity search* Associated Business Programmes, 1978; Penguin Books, 1980.

Future positive M. Temple Smith, 1979; New York: Transatlantic, 1980.

Atlas of management thinking M. Temple Smith, 1982; Penguin, 1983.

Tactics. The Art and Science of Success. Pilot Productions Ltd., Great Britain, 1985.

Erfolg. Zufall, Intuition oder Planung? Die Strategien und Taktiken erfolgreicher Menschen. Landsberg/Lech: moderne verlagsgesellschaft, 1985.

* Auf diese Bücher wird im Text verwiesen.

Denk-Lektionen

CoRT Thinking Lessons, veröffentlicht von Pergamon Press, Headington Hill Hall, Oxford.

Das L-Spiel

Das L-Spiel wird hergestellt von de Bono Products Ltd. Mountbatten House, Victoria Street, Windsor, Berkshire (Dieses Spiel ist rechtlich geschützt).

Weitere Informationen über Edward de Bono

Schreiben Sie an:

> Mrs. Hills,
> 135 Holland Park Road,
> London W11.